人人都能學會

靠ETF領雙薪

全圖解

《Smart 智富》真·投資研究室 ◎著

CONTENT 目錄

面對未知投資局勢
ETF是最好的選擇

編者前言

今年3月的股災,你進場投資了嗎?大概有很多人的答案都是:「沒有,跌成這樣誰敢買啊?」的確,在當時新冠肺炎疫情不知何時才見盡頭的一片恐慌氣氛之下,市場風聲鶴唳,當然會有許多人被嚇得不敢進場,畢竟誰知道市場會回跌多深又會跌多久呢?又有哪些公司會承受不住這波衝擊而倒閉?

很可惜地,多數人就這樣錯過了這個10年一遇的買點(台股在3月一度跌破10年均線),也錯過了市場之後出現的V型反彈。其實,如果能夠早一點認識、熟知ETF(指數股票型基金)這個投資工具,在這一波股災之中你或許就敢勇敢進場,成為這次V轉行情之下的贏家。

誠然,當新冠肺炎疫情爆發,全球經濟活動陷入暫停,在這種非經濟的因素衝擊之下,要判斷一家公司營收獲利會因此受到多少衝

擊，甚至是能否順利度過這段黑暗期，都是非常困難的事，連大型法人、專業機構都難以準確預估，更何況是一般投資人。

因此要在這波股災中進場「去接刀」買暴跌中的股票，當然是相當危險的事情，稍有不慎真的會接得滿手都是血，許多股票價格在這次下跌中已經不僅是「腰斬」，甚至是「腳踝斬」，股價下跌60%、70%的股票所在多有，真正跌到讓人懷疑人生。若是勇敢接刀，誰知道等到的會是反彈還是無盡的谷底？

在這樣的情況下，應對這種充滿未知的局勢，想要逢低買進，追蹤全市場的ETF就是最好的選擇。因為ETF設計上的優勢，由數十檔重要權值股組成，跟隨大盤走勢，只要市場還在，ETF就不會倒。等待疫情利空逐漸淡去、市場回溫，ETF就能跟隨市場走勢上揚，讓人安心買、穩穩賺。甚至，若能善用策略，在這波V型反彈中，利用ETF賺到20%以上也並不是難事。你還能不懂ETF這個投資工具嗎？

近3年來，台灣ETF市場前所未見的熱鬧，各種產品百花齊放，發行檔數已經突破200檔，除了股票ETF之外，更多了債券ETF以及各產業型ETF，讓投資人在眾所周知的0050（元大台灣50）、0056（元大高股息）之外，擁有更多的選擇。

　　為了因應 ETF 市場變化，幫助投資人能更深入了解最新的 ETF 商品，本書是《Smart 智富》真·投資研究室繼《人人都能學會 ETF 輕鬆賺 0050》之後所推出的第 2 本 ETF 投資入門工具書。

　　本書將由投資 ETF 該懂的大小事帶你入門，深度剖析市場中各 ETF 產品的投資特色和優勢，更教你看懂各 ETF 產品的眉角，在百檔 ETF 中，挑選最優質、最適合你的命定 ETF。

　　本書更將教你 5 大彈性運用 ETF 的投資策略，從股利、借券收入到波段價差，不錯過能從 ETF 投資賺到的每一塊錢。只要學會運用，不用靠兼差，你也能輕鬆幫自己加薪。

　　ETF 是現代投資人都應該要懂的投資工具，它不難，但很有用，現在多投資一點時間學會 ETF，未來絕對能成為你累積財富路上的一大幫手。

《Smart 智富》真·投資研究室

Chapter
1

ETF觀念入門

1-1 了解優勢與風險
奠定致勝基礎

很多投資新手初入股市，最常被推薦的標的就是「ETF」，這幾年，ETF 也成為大家廣泛討論，堪稱史上最親民的商品，就連股神巴菲特（Warren Buffett）也在 2019 年年底買進標普 500 指數的 ETF。到底 ETF 是什麼？又有哪些優勢，能讓一般投資人買進、大戶也賞臉？一起來了解吧！

ETF 的正式名稱為「指數股票型證券投資信託基金（Exchange Traded Fund，ETF）」，簡稱「指數股票型基金」。名稱中有「指數」、「股票」，卻又有「基金」，讓人看完一頭霧水，若要用最簡單的理解方式，你可以想成：ETF 就是在股票市場中交易的基金。如同它的名字，ETF 同時兼具股票和基金的特色（詳見圖 1）。

「指數」代表的是 ETF 的 2 大特色，包含：被動式追蹤某一指數表現，以及一籃子的投資標的。

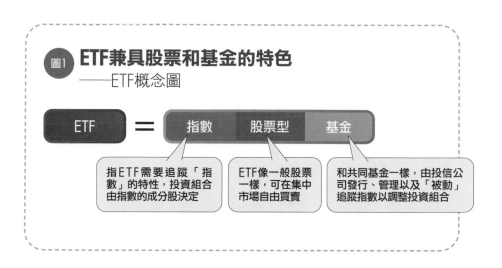

圖1 **ETF兼具股票和基金的特色**
——ETF概念圖

ETF = 指數　股票型　基金

指ETF需要追蹤「指數」的特性,投資組合由指數的成分股決定

ETF像一般股票一樣,可在集中市場自由買賣

和共同基金一樣,由投信公司發行、管理以及「被動」追蹤指數以調整投資組合

　　一般的基金,是由基金經理人「主動」調整菜色,買什麼投資標的、買多少部位,都由基金經理人決定;而 ETF 雖然同樣由投信公司發行、管理,但投資內容是以「指數」決定,會依據其所追蹤的指數「被動」調整。

　　而指數在數學或統計學上的意義,就是對多種數據進行綜合運算後所得的數值,在金融市場中也是一樣,譬如台灣的加權指數,就是台灣所有上市股票整體綜合運算後反映績效表現的指標,所以 ETF 是由「一籃子投資標的」組成的投資組合。

　　「股票型」則是指 ETF 的交易模式,它像一般股票一樣,投資人

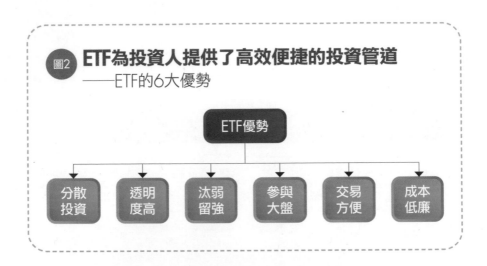

圖2 **ETF為投資人提供了高效便捷的投資管道**
——ETF的6大優勢

ETF優勢

分散投資／透明度高／汰弱留強／參與大盤／交易方便／成本低廉

可以在台股的交易時間內，於集中市場自由進出；「基金」則說明了 ETF 是由投信公司發行，雖然 ETF 是被動式追蹤某指數表現，但仍由投信公司管理及調整。

具備6大優勢，散戶、大戶都愛買

那麼，ETF 為何能受到青睞呢？它包含了 6 大優勢：分散投資、透明度高、汰弱留強、參與大盤、交易方便、成本低廉（詳見圖2）。

優勢 1》分散投資，降低風險

當我們買進個股，譬如台積電（2330）、大立光（3008）或宏

圖3 **ETF投資一籃子標的，可降低投資風險**
──以元大台灣50（0050）為例

元大台灣50 ETF　→追蹤 統統買進　台積電　大立光　中華電　台塑 台灣50指數 台灣市值前50大公司

達電（2498）等，便成為這家公司的股東，當公司營運表現佳，我們便能從中賺到價差或股利；但若是這家公司表現不佳，不僅股價可能下跌，甚至還有可能股票變壁紙！

個別公司有倒閉風險，但同時買進數十家公司的股票，總不可能數十家公司同時倒閉吧？ETF 的特性之一，就是投資一籃子標的，讓「雞蛋不要放在同一個籃子」裡，對投資人來說，風險自然比買單一公司或單一標的來得更低（詳見圖 3）。

舉例來說，元大台灣 50（0050）、富邦台 50（006208）這2 檔 ETF，都是追蹤台灣 50 指數，其成分股同時涵蓋台灣證券市場

中市值前 50 大的上市公司。投資人買進 1 張元大台灣 50 或富邦台 50，就等於一口氣買進台灣 50 家優質公司的股份，比起投資單一公司的風險跟波動度都低。

優勢 2》透明度高，輕鬆掌握投資組合

ETF 所追蹤的指數和指數所涵蓋的標的都會公告在台灣證券交易所的網頁或是該 ETF 發行公司的網站上，投資人只要動動手指，就能在網站上查到該 ETF 投資了哪些標的，透明度高，掌握度也高。

相比之下，一般共同基金的選股內容是由基金經理人決定，且每個月只會公開一次前 5 大或前 10 大持股內容，其餘的投資標的、比重則不公開，資訊揭露的完整度、即時性都較 ETF 來得差（詳見表 1）。

優勢 3》汰弱留強，隨追蹤指數進行調整

ETF 的投資組合會隨著追蹤指數進行調整，指數則會依照當初設定的條件，定期將符合條件且表現佳的公司納入成分股中；不符條件、表現較差的公司則被剔除，等於定期幫投資人汰弱留強。

優勢 4》參與大盤，看對趨勢免選股

此外，對一般投資人來說，要買進個別公司，因為風險較高，所

表1 **ETF的投資組合透明度較共同基金高**
——ETF vs.共同基金

項目	ETF	共同基金
管理方式	被動式管理	主動式管理
投資目標	貼近所追蹤的指數，例如：貼近台股的大盤指數績效	超越比較指標的指數績效，例如：超越台股大盤指數績效
投資組合透明度	每日公告所有持股	每月公布前 5 大或前 10 大持股

以要研究得相當透徹才能進場；但 ETF 與追蹤的標的指數亦步亦趨，只要研究市場大趨勢，選擇相對應的指數及 ETF，就能跟著趨勢賺取價差（詳見圖 4）。

簡單來說，欲買進個股，從基本面來看，可能需要研究大至總體經濟、產業，小至個別公司的狀況；而欲買進 ETF，則只須研究總體經濟、產業即可，因為「指數」會幫你汰弱留強，你只要看對趨勢，免選股！

優勢 5》交易方便，用手機就能即時買賣

ETF 的交易方式跟股票一模一樣，只要在台股的交易時間內，即

每日 09：00 ～ 13：30 之間，就可以透過券商或是自行利用電子下單，輕鬆完成交易。同時，投資人也能下載券商報價軟體，隨時觀看 ETF 的報價變化。

除此之外，在交割方面，ETF 也與一般股票相同：今天下單買進，會在 T ＋ 2 日扣款；今天下單賣出，則會在 T ＋ 2 日收到賣出的款項。基金則不同，在申購之前就必須準備好足夠的資金，否則不能買進，而且賣出後，通常也要等 5 個工作日左右，才能拿到款項。

為了增加投資人買賣的管道，現在有些銀行也開放交易部分 ETF，不過交易規則就會跟買賣基金一樣。

優勢 6》成本低廉，交易稅僅為股票的 1/3

交易成本部分，ETF 亦占盡優勢。投資人在買賣金融商品時，通常需要付出手續費與交易稅，跟股票相比，兩者交易都需要付出一樣的手續費，即買進跟賣出時皆為交易金額的 0.1425%；但 ETF 的交易稅僅 0.1%，是股票的 1/3，且若投資標的為債券 ETF，還免徵證交稅至 2026 年（詳見表 2）。

再進一步比較，雖然買賣基金沒有交易稅，但買進基金時通常都要負擔 1.5% ～ 3% 不等的手續費，整體上仍是 ETF 略勝一籌。

圖4 ETF與追蹤的標的指數亦步亦趨
——以富邦台50（006208）為例

註：資料統計時間為2019.06 14～2020.05.20　　資料來源：XQ全球贏家

投資ETF前須留意5大風險

　　ETF 的優勢多，但任何金融商品都有投資風險，ETF 也不例外，在投資前須留意 5 大風險，包含：追蹤誤差風險、流動性風險、系統性風險、匯率風險，以及市價波動風險（詳見圖 5）。

風險 1》與追蹤指數產生誤差

　　ETF 會被動地追蹤某指數，而且其目標是貼近指數的波動與績效，

ETF的交易成本低，買賣方便
——ETF vs.股票vs.基金交易規則

項目	ETF	股票	基金
手續費	買進和賣出時都要支付，為交易金額的0.1425%	買進和賣出時都要支付，為交易金額的0.1425%	通常在買進時支付，以申購金額為計算基礎，股票型2%～3%、債券型1.5%
交易稅	賣出時支付，為交易金額的0.1%（債券ETF免徵證交稅至2026年）	賣出時支付，為交易金額的0.3%	無
交易方式	價格在盤中隨時變化，可在開盤時直接交易	價格在盤中隨時變化，可在開盤時直接交易	依每日結算的淨值或隔日淨值交易，且單日只能申購1次或贖回1次、也不能當日申購又賣出

但在追蹤時，有可能會跑贏或是跑輸指數，進而產生「追蹤誤差」，即「ETF 報酬率與標的指數報酬率的差異程度」。

為什麼 ETF 跑的速度會跟指數不一樣呢？其中有許多原因，包含追蹤的策略、ETF 的管理費用、匯率差價等等。所以假設在這段期間，所追蹤的指數漲 5%，ETF 不一定會漲 5%，有可能高於或低於指數的績效。

圖5　面對系統性風險，就算分散持股仍會受到衝擊
——ETF 5大風險來源

ETF風險

| 追蹤誤差風險 | 流動性風險 | 系統性風險 | 匯率風險 | 市價波動風險 |

風險 2》交易量過低，價格跳動幅度大

　　ETF 畢竟是在公開市場上流通的股票，如果沒有人願意買賣，就會有流動性風險存在，投資人可能會遇到無法用理想價格買進或賣掉的窘境，造成價格跳動幅度大（詳見圖 6）。因此，在挑選 ETF 時應排除成交量過小的標的。

風險 3》若遇系統性風險仍會受到衝擊

　　雖然 ETF 是「一籃子投資標的」，但萬一發生系統性風險，譬如 2008 年的金融海嘯、2020 年的新型冠狀病毒肺炎（COVID-19）等，都是全面性的影響，無法利用分散持股來降低風險，所以 ETF 也難免會受到衝擊。

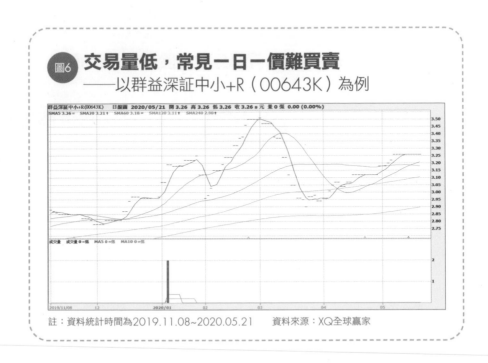

圖6 交易量低，常見一日一價難買賣
——以群益深証中小+R（00643K）為例

註：資料統計時間為2019.11.08~2020.05.21　　資料來源：XQ全球贏家

風險 4》海外 ETF 易有匯率波動

　　ETF 投資範圍擴及全世界，雖然在台灣市場用新台幣交易，但投資於海外的 ETF 淨值多是以外幣計算，再依當日匯率轉為新台幣，所以在台灣揭示的每日淨值除了會受到成分股的價格波動影響之外，同時也會受到外幣匯率波動的影響。

風險 5》收盤後無法即時反映國外市場變化

　　台股交易時間是 09：00 ～ 13：30，但由於全球市場存在著時差，

如果在台股收盤後，海外市場發生重大事件，造成市場大幅波動，而投資標的為海外的商品時，在台灣交易的 ETF，將因為已經收盤而無法立即反映，在下一個交易日時，可能會有較劇烈的震盪出現，再加上海外的 ETF 並無漲跌幅限制，因此投資前，要注意市價波動的風險。

1-2 現貨ETF適合長期投資 抱愈久賺愈多

ETF 是一籃子投資標的，但這個籃子裡，到底裝了什麼菜？其實如同投資人在一般市場裡可以看到現貨和期貨等金融商品，ETF 也可以買進這些東西，所以，最簡單的分法，是分為「現貨 ETF」和「期貨 ETF」。

現貨和期貨的商品設計不一樣，最明顯的差異是：前者是交易物品本身，後者是交易合約。

舉例來說，你到市場採買 1 斤大豆，與店家一手交錢、一手交貨，便能帶著大豆回家，這是屬於現貨交易。但有一天，你發現大豆最近的價格波動很大，於是你與店家約定，希望在 2 個月後，一樣以現在的價格買進，然而口說無憑，因此你與店家簽訂契約，並先支付訂金，等於一手交錢、一手交「合約」，你回家時帶的是合約而不是大豆，要等 2 個月後合約到期才能換成大豆（詳見圖 1）。

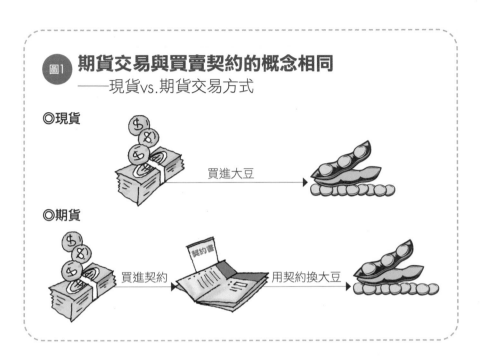

圖1 **期貨交易與買賣契約的概念相同**
——現貨vs.期貨交易方式

◎現貨

買進大豆

◎期貨

買進契約　契約書　用契約換大豆

　　既然交易的東西不同，兩者在操作上亦有所不同，雖然同樣被「包」進 ETF 裡面，但原先的商品特性並不會因此而消滅，所以在買賣「現貨 ETF」和「期貨 ETF」時要留心不同的交易關鍵。這篇先來看看現貨 ETF。

投資範圍延伸至海外，搞懂交易規則再進場

　　現貨，包含了投資人最常接觸的「股票」以及「債券」，而在

台灣的現貨 ETF 市場，也可以看到所謂的「股票 ETF」和「債券 ETF」。若就台灣 ETF 市場發展現況，搭配投資標的範圍進一步細分，股票 ETF 可依投資範圍分為國內成分股票 ETF、國外成分股票 ETF，加上主要投資範圍都在國外的債券 ETF，現貨 ETF 共可分為 3 種（詳見圖 2）。

股票 ETF 方面，若為國內成分股票 ETF，其所追蹤的指數之成分股都是國內股票，故此種類的 ETF 投資標的全為國內的上市櫃公司，譬如元大台灣 50（0050）、富邦台 50（006208）都是追蹤台灣 50 指數，持股皆為台股市場中市值前 50 大的個股。

國外成分股票 ETF 則可能包含海外的股票，由於此種 ETF 追蹤的指數，其成分股包含 1 種以上的國外股票，故投資標的可能同時包含台股及海外的股票，或是僅有海外股票。

譬如國泰臺韓科技（00735），追蹤台韓資訊科技指數，以 2020 年 5 月 10 日申報的投資組合來看，其中包含了台股的台積電（2330）、鴻海（2317），同時也有韓國股市中的三星電子（005930.KS）、SK 海力士半導體（000660.KS）等；或是元大 S&P 500（00646），追蹤標普 500 指數（S&P 500），投資組合全部為美股。

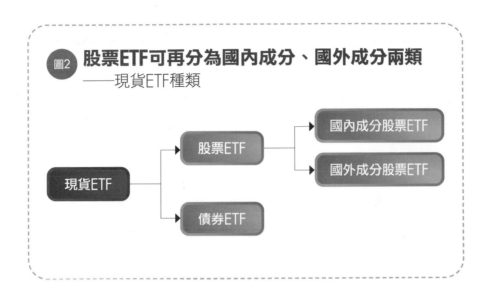

圖2 **股票ETF可再分為國內成分、國外成分兩類**
——現貨ETF種類

債券 ETF 則是投資於債券市場,目前都為投資國外成分債券的 ETF,譬如新光投等債 15+(00775B),該 ETF 追蹤「富時 15 年期以上投資等級債券指數」,投資組合全是至少還有 15 年才到期的全球投資等級債券。

不論是股票 ETF 或債券 ETF,大多只要開立證券戶後就可以進行交易,不過風險較高的標的,如高收益債券 ETF 則需要簽署風險預告書後才能交易。

另外,投資人特別在意的漲跌幅、配息,甚至是領得配息後的所

得稅部分，會因投資範圍而有些不同（詳見表1）。投資人進場前，應評估自己的風險承受度以及配息需求等，選擇適合自己的 ETF。

國外成分股票ETF與債券ETF，價格波動較劇烈

台灣上市櫃公司的股票交易有漲跌幅 10% 的限制，而投資成分股全為台股的國內成分股票 ETF，就算其成分股全部漲停或跌停，漲跌幅也都在正負 10% 之內，所以國內成分股票 ETF 的漲跌幅限制與現股相同，一樣都是 10%。

然而，同樣在台股市場中交易，國外成分股票 ETF 和債券 ETF 卻都無漲跌幅限制。想想看，像美股及港股，都是屬於沒有漲跌幅限制的市場，所以投資該市場的 ETF 要怎麼反映價格波動呢？當然只得接軌國際。

即便是陸股，雖然有 10% 的漲跌幅限制，但因為隸屬於國外成分股票 ETF 的範疇，所以仍舊適用無漲跌幅限制的規範。舉例來說，在台股市場中買進追蹤上證 180 指數的富邦上証（006205），每天的股價波動就不會有上下幅度的限制。

包含國外成分股票和債券的 ETF 全都沒有漲跌幅限制，所以價格

表1	國內成分股票ETF有10%漲跌幅限制 ——股票ETF vs.債券ETF		
類別	股票 ETF		債券 ETF
	國內成分股票 ETF	國外成分股票 ETF	
漲跌幅	同現股，10%	無漲跌幅限制	無漲跌幅限制
配息	常見每年配息 1 次或每年配息 2 次	多數不配息，但也有 ETF 為每季、每半年或每年配息	多數配息，且可能每月、每季或每年配息
股利所得稅	列入股利所得申報	列入海外所得計算	列入海外所得計算

反映資訊的速度快，有時候還有時差的問題，投資人要注意單日價格波動恐較為劇烈。

若標的有配息未分配，將納入ETF的淨值中

　　至於配息方面，目前國內成分股票 ETF 全數都有配息的規畫，最常見的是每年配息 1 次，但也有部分國內成分股票 ETF 為每年配息 2 次。像是元大台灣 50、富邦台 50 這 2 檔 ETF 都是每年配息 2 次，而另 1 檔存股人的心頭好——元大高股息（0056），則是每年配息 1 次。

　　若是國外成分股票 ETF，則視各發行公司決定是否配息，目前多數的國外成分股票 ETF 沒有配息機制，僅有少部分配息。

　　債券 ETF 方面，常見的國外成分債券 ETF 多數都有配息，且可能每月、每季或每年配息。

　　不配息的話，股利去哪裡了？和基金一樣，若 ETF 投資的標的有配息，而未發放給投資人的話，表示這些利息會納入 ETF 的淨值當中，並不會憑空消失，不用擔心被坑掉！

　　要怎麼知道這檔 ETF 有沒有配息？多久配一次呢？可以上台灣證券交易所或證券櫃檯買賣中心的網站查詢相關的商品資訊，或上各大發行公司的網站查詢，又或者可以參考本系列的《人人都能學會 ETF 輕鬆賺 0050（全圖解）》一書，裡面有完整的圖解教學。

　　此外，若投資人領到配息，要注意所得稅申報的問題。國內成分股票 ETF 的配息，視為股利所得，應與綜合所得稅一同申報，目前有「股利所得合併計稅」和「單一稅率分開計稅」兩種方案，主要差異在於「股利所得是否要併入其他所得一起申報」，但不論是哪一個方案，都要在每年 5 月申報前 1 年綜合所得稅時一同繳交（詳見圖 3）。

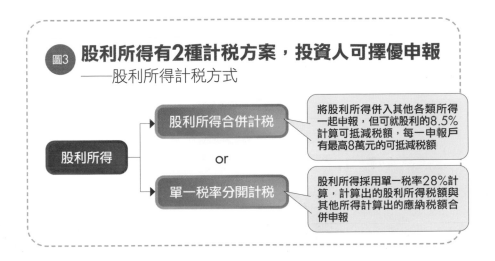

圖3 **股利所得有2種計稅方案，投資人可擇優申報**
——股利所得計稅方式

股利所得

股利所得合併計稅
將股利所得併入其他各類所得一起申報，但可就股利的8.5%計算可抵減稅額，每一申報戶有最高8萬元的可抵減稅額

or

單一稅率分開計稅
股利所得採用單一稅率28%計算，計算出的股利所得稅額與其他所得計算出的應納稅額合併申報

不過，若領到的股利來自國外成分股票 ETF 或債券 ETF，則不用納入綜合所得稅申報，因為這些配息會被視為海外所得。

台灣稅法規定，海外所得超過 100 萬元要計入基本所得計算，當基本所得金額超過 670 萬元，超出部分以稅率 20% 計算稅額，而計算出的基本稅額大於綜合所得稅額，才須補繳稅金（詳見圖 4）。不過，一般小資存股人基本上不會碰到海外所得被課稅的狀況。

只要市場長期向上，現貨ETF就可安心長抱

相比於期貨 ETF，現貨 ETF 是更適合長期投資的工具。因為期貨

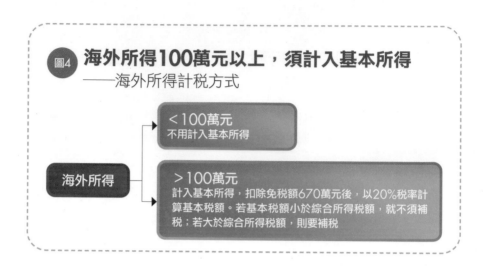

圖4　海外所得100萬元以上，須計入基本所得
——海外所得計税方式

海外所得

＜100萬元
不用計入基本所得

＞100萬元
計入基本所得，扣除免税額670萬元後，以20%税率計
算基本税額。若基本税額小於綜合所得税額，就不須補
税；若大於綜合所得税額，則要補税

每個月都需要結算，造成期貨 ETF 需要將手中部位轉倉，而「轉倉成本」長久下來會侵蝕 ETF 淨值；股票 ETF 或債券 ETF 都是投資在現貨市場，不需要負擔這項成本，更有利於投資人。

此外，唯有現貨 ETF 才有配息機制，如果是想定期領到股利的投資人，就可以選擇有配息的 ETF，方便資金運用。

現貨 ETF 除了適合懶人族、上班族、菜籃族等，對想要參與趨勢長期向上市場的投資人而言，一個追蹤指數為長期向上市場的現貨ETF，就是相當理想的投資選擇，想抱多久就抱多久，可説是抱愈久、賺愈多！更能進一步利用股票及債券做組合，打造完美的股債配置。

1-3 期貨ETF適合短期投資
高手追報酬專用

　　期貨的由來，是早期人們擔心農產品價格波動過大，因而從現貨衍生的一種金融商品，後來也被用來交易各種大宗原物料。而期貨ETF 是靠著投資期貨契約來達到追蹤指數的目的。期貨可以投資的，期貨 ETF 也可以，因此投資人可以藉此參與黃金、石油、黃豆等大宗原物料或是匯率、指數的漲跌。

可依投資標的或報酬類型做區分

　　若以投資標的來看，期貨 ETF 可以分為商品期貨 ETF、匯率期貨 ETF 和指數期貨 ETF（詳見圖 1）。

　　像是元大 S&P 石油（00642U），投資於紐約商業交易所的西德州輕原油期貨契約，藉此追蹤標普高盛原油 ER 指數，屬於商品期貨 ETF。

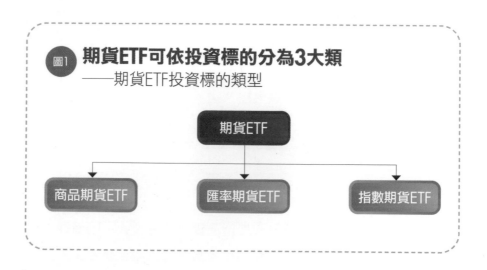

圖1 期貨ETF可依投資標的分為3大類
——期貨ETF投資標的類型

期貨ETF

商品期貨ETF　　匯率期貨ETF　　指數期貨ETF

元大美元指數（00682U），投資於美國洲際交易所的美元指數期貨，藉此追蹤標普美元ER指數，為匯率期貨ETF。

富邦VIX（00677U），則是指數期貨ETF的一種，投資於VIX指數期貨，藉此追蹤標普500波動率短期期貨超額回報指數。另外補充一點，VIX指數，簡單來說就是在追蹤波動率，又稱之為「恐慌指數」。

期貨ETF比較特別的是，它可以依照反映指數報酬率的方式，分成原型ETF、槓桿ETF和反向ETF（詳見圖2）。目前台灣僅開放2倍槓桿和1倍反向的ETF，故下文中的槓桿ETF都是指2倍槓桿，

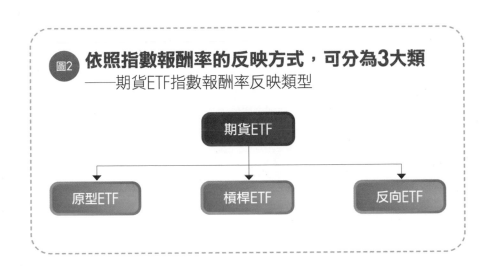

圖2 依照指數報酬率的反映方式，可分為3大類
——期貨ETF指數報酬率反映類型

期貨ETF

原型ETF　　槓桿ETF　　反向ETF

反向 ETF 都是指 1 倍反向。

舉例來說，假設有 3 檔 ETF 追蹤同一個指數，當該指數漲 3%，各自的表現為：

1. **原型 ETF**：跟追蹤指數的報酬率理論上相同，當指數漲 3%，它就漲 3%。

2. **槓桿 ETF**：它會「加倍奉還」，所以理論上會漲 6%。

3. **反向 ETF**：跟追蹤指數反著走，指數上漲，它就跌；指數下跌，

它就漲，所以理論上會下跌 3%。

同理，當該指數下跌 2%，這 3 檔 ETF 各自的表現為：

1. 原型 ETF：下跌 2%。

2. 槓桿 ETF：下跌 4%。

3. 反向 ETF：上漲 2%。

以元大台灣 50 正 2（00631L）和元大台灣 50 反 1（00632R）為例，這 2 檔 ETF 都是追蹤台灣 50 指數，前者為槓桿 ETF，後者為反向 ETF，主要都是投資台股期貨，但藉由不同的交易策略，達到槓桿和反向的追蹤。

那要如何分辨這檔 ETF 是否具有槓桿或為反向呢？很簡單，只要透過 ETF 的名稱或股號，就能加以辨別。如果看到這檔 ETF 的股號結尾為「U」，表示是原型的期貨 ETF；如果股號結尾為「L」，或是 ETF 名稱中有出現「正 2」，就表示是槓桿 ETF；而股號結尾為「R」，或是 ETF 名稱中有出現「反 1」者，則代表是反向 ETF（詳見表 1）。

表1		可從股號結尾看出該ETF是否具有槓桿

可從股號結尾看出該ETF是否具有槓桿
——期貨ETF股號結尾含義

股號結尾	意義	舉例
U	原型 ETF	元大 S&P 石油（00642U） 富邦 VIX（00677U）
L	槓桿 ETF	元大 S&P 原油正 2（00672L） 國泰中國 A50 正 2（00655L）
R	反向 ETF	元大 S&P 原油反 1（00673R） 國泰中國 A50 反 1（00656R）

不會被追繳保證金，還可買零股參與市場

既然有期貨，為什麼還要有期貨 ETF 呢？不要忘記，ETF 是在證券市場中交易，而期貨 ETF 具有「期貨現貨化」的特色，所以投資人不須先匯入保證金，也不用面對被追繳保證金或是自行轉倉的問題，還可以透過零股的方式小額參與市場，兩者適合的投資人當然也不一樣（詳見表 2）。

還記得 2020 年 4 月，有「石油變負值」的事件嗎？當時石油期貨出現 -37.63 美元的價格，若投資人持有多單，不僅賠光原先買入時的保證金，恐怕還得被追繳賠身家！

表2 下單期貨ETF不須先匯入保證金
——期貨vs.期貨ETF交易規則

項目	期貨	期貨 ETF
交易管道	期貨市場	證券市場
交易單位	1 口	1 股
交易模式	先匯入保證金才能下單	交易完成後，於 T ＋ 2 日交割
合約期限	合約有到期日，到期時須結算或自行轉倉	期貨 ETF 持有的期貨雖也有到期日，但對投資人來說，不須自行轉倉，也不須到期結算
面對虧損	投資人恐需被追繳保證金	股價下跌，不會被追繳

但若是期貨 ETF，頂多就是看到股價愈來愈低，誇張一點就是下市而已，沒有本金虧損完還要補錢的問題。

此外，以國內指數為追蹤標的的槓桿 ETF 及反向 ETF，其漲跌幅限制分別為 20％、10％；而以國外指數為追蹤標的者，則沒有漲跌幅限制，能完全反映市場走勢。所以當看好某個市場，投資人可以買進槓桿 ETF，獲取超額報酬。

舉例來說，看好台股，投資人可以買進元大台灣 50 正 2，假設過了 3 天，其追蹤指數——台灣 50 指數累計上漲了 5％，你手中

期貨ETF的下市規定

期貨ETF也有可能會下市！2020年年初，富邦VIX（00677U）的淨值一度大跌，差點觸及強制下市的規定，後來金管會修改相關規範，才讓該檔ETF免於岌岌可危的命運。

目前針對期貨ETF的下市規定為：

①指數期貨ETF：最近30個營業日之平均淨值，較其最初淨值累積跌幅達90%時，或基金總淨值低於2,000萬元。

②非屬指數期貨ETF：最近30個營業日之平均淨值，較其最初淨值累積跌幅達70%時，或基金總淨值低於2,000萬元。

也就是說，假設某指數期貨ETF發行時淨值為20元，當近30個營業日的平均淨值跌破2元，即觸及下市規定，此時應與主管機關申報，待核准後，主管機關會公布正式下市的時間，正式下市後才進行清算。核准後至下市前，該檔ETF仍可在市場上交易。

資料來源：金管會

元大台灣50正2則會有10%左右的報酬率。

對於資金不足者，或是怕面對追繳壓力的投資人而言，可以透過期貨ETF參與市場上漲，也不會碰到合約到期忘記轉倉，而要重新找買點的狀況，是可以用來以小搏大的商品。

而反向ETF，則可用來避險或放空。若投資人認為某市場有回檔

風險，但手中的長期持股不願因短期風險而賣出，那麼此時就可以利用反向 ETF 來規避下跌，或是單純看空，也可以利用反向 ETF 獲利。特別提醒投資人，想要操作反向 ETF，看空時，是要買進而不是賣出喔！

長期持有易因轉倉成本侵蝕淨值影響獲利

不過，事情都有正反兩面，期貨 ETF 跟期貨相比，因為投資人不須自行轉倉，所以往往給人可以長期持有的錯覺！但實際上，期貨 ETF 並不適合長期持有，除了有隱含的轉倉成本，還有槓桿 ETF 和反向 ETF 每日結算的追蹤誤差等問題。

何謂轉倉成本？因為期貨會到期，所以基金經理人需要轉倉，而當近月合約的價格低於遠月合約，即出現「正價差」時，基金經理人就必須賣低、買高，而中間的價差就是成本，長期下來會侵蝕 ETF 的淨值，影響報酬率（詳見圖 3）。

再者，有別於其他的 ETF，槓桿 ETF 及反向 ETF 會有「每日重設機制」的追蹤誤差問題，發行商會在每日收盤前，根據當日標的指數漲跌幅進行基金曝險調整，以維持固定的槓桿倍數。如此一來，若投資時間超過一天，累積的報酬會因為複利效果而可能和指數產

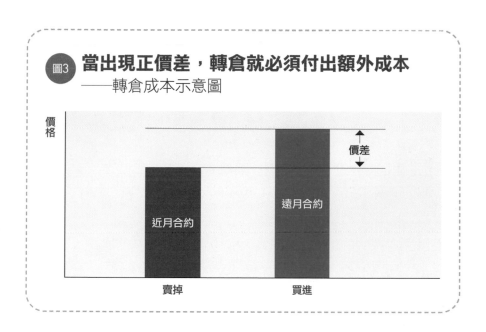

圖3 當出現正價差，轉倉就必須付出額外成本
──轉倉成本示意圖

生偏離。

　以槓桿 ETF 為例，若標的指數連續 2 天都漲了 5%，累計報酬率為 10.25%，理論上，2 倍槓桿的累計報酬率應該是 20.5%，但因為每日重設機制，2 倍槓桿 ETF 累計報酬率是 21%；反向 ETF 狀況也是一樣，理論上應該跌 10.25%，但實際上卻只跌了 9.75%（詳見表 3）。

　投資人也千萬不要以為長期持有可以靠領股利來彌補虧損，因為

每日重設機制使ETF報酬率與標的指數有誤差

◎以2倍槓桿ETF連續上漲時為例

項目	標的指數	2 倍槓桿
第 1 日	↑ 5%	↑ 10%
第 2 日	↑ 5%	↑ 10%
價格漲跌幅	110.25% = (1 + 5%) × (1 + 5%)	121% = (1 + 10%) × (1 + 10%)
累積報酬	10.25% = 110.25% − 1	**21%** = 121% − 1

◎以反向1倍ETF連續上漲時為例

項目	標的指數	反向 1 倍
第 1 日	↑ 5%	↓ -5%
第 2 日	↑ 5%	↓ -5%
價格漲跌幅	110.25% = (1 + 5%) × (1 + 5%)	90.25% = (1 − 5%) × (1 − 5%)
累積報酬	10.25% = 110.25% − 1	**-9.75%** = 90.25% − 1

資料來源：台灣證券交易所

期貨 ETF 沒有配息機制，同時還得面臨上述的問題，所以期貨 ETF 只適合短期操作，就連市場盤整時，也因為時間流逝會增加隱含成本，而不適合長期投資。

1-4 掌握交易眉角
下單買賣不失手

透過前面幾篇的教學，對 ETF 有一定了解後，想必各位正摩拳擦掌、躍躍欲試，想要到 ETF 市場中大開殺戒了呢？先別急！在正式開始投資 ETF 之前，還有許多申請文件、步驟，以及操作「眉角」需要了解，接著就讓我們來看看，需要準備的事情與下單交易的教戰吧！

開戶流程》優先考量手續費折扣與方便性

在買賣 ETF 之前，投資人一定要先準備好「證券交易戶」，才能繼續進行下一步動作。而開立證券戶時，則有以下步驟與文件需要先行準備（詳見圖 1）：

1. **證券商**：先選定欲開戶的證券商，建議投資人可以依照「手續費折扣」以及「方便性」2 點進行考量，以求最省成本且最有效率

的投資管道。

2.**準備文件**：身分證、第 2 身分證明文件（健保卡或駕照等）、印章（可以簽名代替），以及該券商配合的交割銀行存摺。

3.**開戶管道**：有 2 種方式，一種是親自前往券商據點進行開戶；另一種則是透過券商的網站線上申辦。但是，線上申辦者須為我國年滿 20 歲之自然人。

4.**設立帳戶**：親自或線上簽署相關文件，即可成功設立「證券交易戶」。詳細開戶流程可參考《人人都能學會 ETF　輕鬆賺 0050（全圖解）》。

交易規則》想投資槓桿、反向ETF，須具備2條件

成功開戶後，就可以開始交易一般的 ETF，但在投資 ETF 之前，有些交易規則必須了解：

1.ETF 交割時間為 T＋2 日，也就是說當你在 1 月 2 日買進 ETF 後，ETF 會在 1 月 4 日才會交割進個人的證券戶頭之中，且投資人最晚必須在 1 月 4 日的上午 10 點之前，將錢放進戶頭之中完成交割。

設立證券戶前，須先開立交割銀行帳戶
——開戶必備文件

開戶準備文件	1.身分證 2.第2身分證明文件（健保卡、駕照等） 3.印章（可以簽名代替） 4.該券商配合的交割銀行存摺

2. 投資於海外指數的 ETF，可能因為海內、外各市場的交易時間不同，市價、淨值的波動也會有所不同。

3.ETF 的升降單位與個股不同，ETF 的升降單位較股票小。50 元以下的 ETF，一個升降單位為 0.01 元；50 元以上，一個單位則為 0.05 元（詳見表 1）。

4. 若 ETF 的投資標的是以台股為主，同台灣股市一樣有 10% 漲跌幅限制；槓桿 ETF 的漲跌幅則為一般 ETF 的倍數；以國外指數為標的者，則無漲跌幅限制。

而若要買賣槓桿、反向 ETF，則要先具備 2 項條件，首先須符合

以下 4 種情況之 1：

1. 已開立信用交易帳戶。

2. 最近 1 年內委託買賣認購（售）權證成交達 10 筆（含）以上。

3. 最近 1 年內委託買賣台灣期貨交易所上市之期貨交易契約成交達 10 筆（含）以上。

4. 於他家證券商有槓桿反向 ETF 買進成交紀錄。

其次是必須透過臨櫃或線上簽署風險預告書，始得開始買賣槓桿、反向 ETF。

下單方式》盤中採逐筆交易，委託方式更彈性

接下來，要帶各位進行 ETF 的出價下單，現行證券交易制度中，盤中的交易時間為 09：00 ～ 13：25，實施「逐筆交易」；開盤前（08：30 ～ 09：00）試撮及收盤前（13：25 ～ 13：30），則維持「集合競價」（使用券商 App 下單 ETF 的方式，詳見圖解教學❶）。

表1 **ETF的股價升降單位較一般股票小**
——ETF vs.一般股票升降單位表

最低股價 （元）	最高股價 （元）	一般股票股價升降單位 （元）	ETF 股價升降單位 （元）
0.01	5	0.01	0.01
5	10		
10	50	0.05	
50	100	0.10	0.05
100	500	0.50	
500	1,000	1.00	
1,000	1,000 元以上	5.00	

　「集合競價」機制為每 5 秒撮合 1 次，股價並非隨時都在變動，要等 5 秒鐘才會出現新價格，當買賣雙方掛單後，系統會蒐集在這 5 秒內的所有委託單，並依委託單「最大累積成交量」之價格為成交價。

　「逐筆交易」機制則是隨時都在進行買賣撮合，當有新的委託單時，假設是委買單，且價格高於或等於目前市面上最低的委賣價，系統會由最低委賣價開始向上成交，直到滿足委買單為止。

分類 1》價格類別

　　盤中的逐筆交易機制，依照出價的方式，可以分為「限價單」和「市價單」2 種（詳見表 2）：

　　1. 限價單：限定一個出價，只會在該價格成交 ETF。

　　2. 市價單：不指定價格，直接由市場決定，撮合的順序優先於限價單，但須注意，若 ETF 價格波動的幅度較大，可能會以較極端的價格成交。

分類 2》存續類別

　　依存續類別，可分為 ROD、IOC 跟 FOK 等 3 種：

　　1.ROD：Rest of Day，為「當日有效單」，從掛出委託單後，直到當日收盤，該委託單皆有效。

　　2.IOC：Immediate or Cancel，為「立即成交否則取消」，也就是掛出當下，允許部分成交，未成交的委託則刪除。

　　3.FOK：Fill or Kill，為「立即全部成交否則取消」，掛出委託單後，必須立刻滿足所有成交量，否則全部取消。

一般投資人使用限價＋ROD買賣ETF即可 ——逐筆交易委託方式	
價格類別	**存續種類**
限價：限定一個出價，只會在該價格成交	ROD：當日有效單
	IOC：立即成交否則取消
市價：出價直接由市場價格決定	FOK：立即全部成交否則取消

「限價」加上「ROD」的委託單形式，類似於過去的「集合競價」時的下單機制；而「IOC」與「FOK」多為法人機構或專業投資人在進行投資時所用之機制，所以一般投資人在買賣ETF時，使用傳統的「限價」加「ROD」即可。

交易成本》股票ETF交易稅為0.1%

在買賣和持有ETF時，要特別注意ETF所產生的成本與費用，其可分為「內扣」和「外扣」2種，內扣顧名思義就是由內扣除，也就是說是從ETF本身的淨值中扣除，並且反映在價格上，並不會再另外向投資人收取，像是管理費、保管費和上市費等；外扣費用，則是交易手續費、股利所得稅或證券交易稅，這類費用不會從淨值

中扣除，而是額外向投資人收取（詳見圖3）。

　　台灣現行集中市場的 ETF，內扣費用的總費用率大約在 0.4%～1% 之間。而外扣費用中，單筆投資的交易手續費，券商最低會收取 20 元，最高則會收取成交金額的 0.1425%，買賣須各收取 1次，但是若使用電子下單，大多會有 6 折以上的手續費折讓；至於 ETF 的稅率部分，則要注意各類型 ETF 的證券交易稅會有所不同，目前股票 ETF 的證券交易稅為 0.1%，債券 ETF 則免徵證券交易稅至 2026 年。

　　這麼多的數字和費率是不是有點難懂呢？沒關係，我們用以下案例實際試算，相信大家很快就能清楚了解 ETF 各種費用和成本的計算方式。

　　假設，投資人買進了 1 張股價 90 元的元大台灣 50（0050），最後以 100 元賣出該 ETF，需要支出多少交易成本呢？

案例 1》買進成本

買進金額＝成交股數 × 成交金額

　＝ 1,000 股 ×90 元

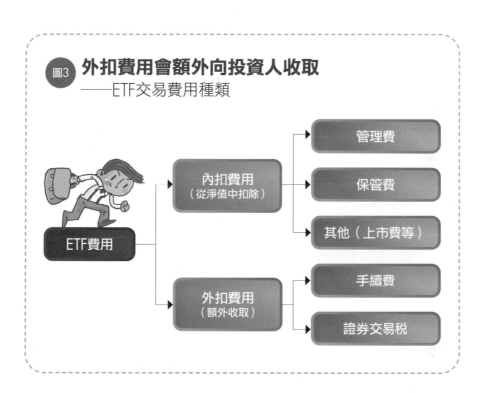

圖3 **外扣費用會額外向投資人收取**
──ETF交易費用種類

ETF費用

內扣費用（從淨值中扣除）
- 管理費
- 保管費
- 其他（上市費等）

外扣費用（額外收取）
- 手續費
- 證券交易稅

＝9萬元

買進手續費＝買進金額 × 手續費費率（無折讓下，0.1425％）

＝9萬元 ×0.1425％

＝128元（手續費計算結果若有小數點則無條件捨去）

因此，投資人須放超過9萬128元（9萬元＋128元）以上的

金額在交割帳戶中，建議可以放 9 萬 200 元比較保險。

案例 2》賣出成本

賣出金額＝成交股數 × 成交金額

＝ 1,000 股 ×100 元
＝ 10 萬元

賣出手續費＝賣出金額 × 手續費費率（無折讓下，0.1425%）

＝ 10 萬元 ×0.1425%
＝ 142 元（手續費計算結果若有小數點則無條件捨去）

賣出證交稅＝賣出金額 × 證交稅稅率（0.1%，債券型 ETF 則免徵至 2026 年）

＝ 10 萬元 ×0.1%
＝ 100 元

賣出手續費＋證交稅＝ 242 元

因此，賣出後會收到的金額，應為 9 萬 9,758 元（10 萬元－242 元）。

注意折溢價，避免買到過於昂貴的ETF

最後，還有一個小眉角一定要告訴大家，這一招可以協助大家避免買到「太貴」的ETF，那就是事先查詢 ETF 的「折價」和「溢價」。

什麼是折價和溢價呢？我們在投資 ETF 時，市場中買方和賣方所約定成交的價格稱為「市價」，而 ETF 所持有的成分股市值總和除以發行單位數時，得到的淨價值稱為「淨值」。

折價和溢價，就是指 ETF 市價與淨值之間的關係：

1. 當 ETF 淨值＞市價時，稱為「折價」。

2. 當 ETF 淨值＜市價時，稱為「溢價」。

ETF 淨值和市價之間的「追蹤誤差」要愈小愈好，也就是說 ETF 的折價或溢價最好不要太大，兩者接近為佳。當市價偏離淨值太多時，可能就會出現 ETF 市價被「高估」或「低估」的情況，投資人要格外注意（查詢 ETF 的折價、溢價的方式，詳見圖解教學❷）！

圖解教學❶ 使用券商App下單ETF

STEP 1

此處以元富證券的手機App《行動達人》為例，示範如何利用券商App下單交易。進入券商App介面後，游標移至❶「交易帳務」，接著開始下單。進入選單後，按下❷「證券下單」，進入下單頁面。

STEP 2

進入下個頁面後，在❶「商品」處，輸入欲購買的ETF股票代碼或名稱，接著分別在❷「條件」、「類別」和「買賣」處，選擇下單條件，再在❸「單位」處，輸入欲下單張數，在❹「價格」處，則填入委託價格，最後按下❺「下單」進行下單。進入再次確認畫面後，確認下單內容無誤，即可按下❻「委託下單」完成下單委託。

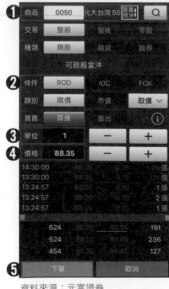

資料來源：元富證券

圖解教學❷　查詢ETF折溢價

以ETF發行龍頭元大投信官網為例（https://www.yuantafunds.com），首先將游標移至❶「ETF專區」，並點選❷「即時預估淨值」。

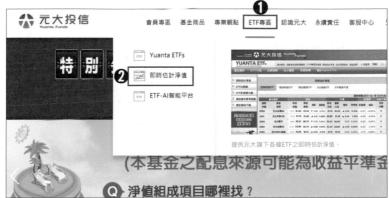

進入即時預估淨值頁面後，可依照ETF分類的不同，在❶選項處，選擇各類ETF的即時預估淨值，即可透過❷「折溢價」欄位了解ETF的最新折價、溢價。

| 產品資訊 | ETF介紹 | 投資策略 | 法人專區 | 財經新聞 | 關於 Yuanta ETFs | 基金配息 | AI智能投資平台 | 期信變動率 |

即時估計淨值

亞洲時區ETF　歐美時區ETF　商品期貨ETF　元大債券ETF　ETF期貨市價
❶

資料時間:2020-06-05 17:00:00

基本資料		淨值				市價				折溢價		初級市場
股票代碼	基金名稱	昨收淨值	預估淨值	漲跌	漲跌幅	昨收市價	最新市價	漲跌	漲跌幅	折溢價	幅度	可否申購
0050	元大台灣50	06/04 87.59	88.37	▲ 0.78	0.89%	87.60	88.35	▲ 0.75	0.86%	-0.02	-0.02%	＋
0051	元大中型100	06/04 35.76	35.90	▲ 0.14	0.39%	35.69	35.89	▲ 0.20	0.56%	0.01	0.03%	▼
0053	元大電子	06/04 40.52	40.90	▲ 0.38	0.94%	40.22	40.75	▲ 0.53	1.3%	-0.15	-0.37%	＋
0054	元大台商50	06/04 24.12	24.09	▼ 0.03	0.12%	24.00	24.00	0.00	0.00%	-0.09	-0.37%	＋
0055	元大MSCI金融	06/04 17.85	17.88	▲ 0.03	0.17%	17.82	17.88	▲ 0.06	0.34%	0.00	0.00%	＋
0056	元大高股息	06/04 28.81	28.92	▲ 0.11	0.38%	28.67	28.80	▲ 0.13	0.45%	-0.12	-0.41%	＋

資料來源：元大投信

Chapter
2

股票ETF點兵

2-1 市值型ETF》與大盤連動長期報酬穩健

目前台灣集中市場中，與股票有關的 ETF 高達上百檔，投資人常有疑惑，明明是投資相同市場、主題的 ETF，為何每檔持股標的和費用都不同？那麼多 ETF 又該怎麼選？

接著，就讓本書藉由「市值型」、「高息型」與「產業型」共 3 種股票 ETF 的分類與介紹，一解大家的困惑！

股票ETF可分為3種類型

類型 1》市值型 ETF

什麼是市值型 ETF？就是以追蹤整個大盤、複製和貼近大盤指數行情為主的 ETF，這類型 ETF 追蹤指數編製是以「市值」為依據，個股市值規模達到標準時，才會納入追蹤範圍，以台股為例，最為人所知的市值型 ETF 就是元大台灣 50（0050）。

類型 2》高息型 ETF

相對之下，高息型 ETF 就不是以追求貼近大盤指數表現為依據，而是希望能夠獲得相對高的股息，因此高息型 ETF 的成分股篩選條件中，個股的股息發放能力就是篩選的重要條件之一。在台股中，元大高股息（0056）就是最為人知的「高息型」ETF，持股是由台灣 50 指數和台灣中型 100 指數中，挑選出 30 檔未來 1 年預期現金殖利率最高的 30 檔個股作為成分股，故為「高息型」ETF。

類型 3》產業型 ETF

至於產業型 ETF，則是鎖定特定產業、特定概念進行投資，像是元大全球未來通訊（00861），該檔 ETF 所持有的標的，就集中在 5G 技術有關的高科技公司，持股皆環繞 5G 族群，ETF 是以某種特定主題所成立（詳見表 1）。

大概了解股票型 ETF 的不同分類和屬性後，本篇會以市值型 ETF 為主，進行介紹，2-2 和 2-3 則會再依序分別說明高息型和產業型 ETF。

投資市值型ETF具有4優勢，績效貼近大盤

透過市值型 ETF 買進「整個大盤」，是股票 ETF 最常見的投資方式，

以此方法投資市場具有以下 4 優勢：

優勢 1》一次買進一籃子的股票，可以省去選股和選產業進行投資的困擾。

優勢 2》市值型 ETF 的成分股組成根據市值，當 1 家公司競爭力下滑、市值萎縮時，自然會被淘汰在 ETF 的成分股之外；相對地，當公司競爭力提升、市值擴大時，則會被納入 ETF 成分股之中，也就是可以達到自然汰弱留強的效果。

優勢 3》績效可以貼近大盤，不會有輸給大盤的風險。

優勢 4》相較由經理人主動選股的主動式基金，依照策略「被動投資」的市值型 ETF，其總費用率更低，能為投資人省下更多成本。

買進整個大盤，「懶人投資術」勝率高

藉由市值型 ETF 買進整個大盤，長線看來更是絕對必勝的「懶人投資術」。從圖 1 元大台灣 50 走勢可以看出，自從元大台灣 50 於 2003 年上市以來，雖然偶有下跌回檔，但股價後續多會再創高點，套牢大多是短暫情況，如果投資人能採取加碼投入或定期定額

表1	台股最為代表性的市值型ETF為元大台灣50		
	——在台掛牌的股票ETF 3類型		

項目	市值型 ETF	高息型 ETF	產業型 ETF
說明	持股是以「追蹤大盤」，複製大盤指數為主形成的 ETF	持股是以「分配高股息」為主所形成的 ETF	持股標的環繞「特定產業」，以投資特定產業為主的 ETF
相關 ETF	元大台灣 50（0050）、富邦台 50（006208）、元大 MSCI 台灣（006203）、元大臺灣 ESG 永續（00850）等	元大高股息（0056）、元大台灣高息低波（00713）、富邦臺灣優質高息（00730）、國泰股利精選 30（00701）等	元大全球未來通訊（00861）、富邦科技（0052）、元大 MSCI 金融（0055）、元大全球 AI（00762）、國泰 AI＋Robo（00737）等

投資，使 ETF 持股成本更加平均後，長期投資元大台灣 50 等市值型 ETF 的勝率幾近百分之百。

隨著台灣 ETF 市場蓬勃發展，除了元大台灣 50 之外，近年來台股相關的市值型 ETF 檔數也愈來愈多。雖然選擇更多，卻有不少投資人分不清楚這些台股相關市值型 ETF 彼此之間究竟有什麼差異？又具備哪些優勢？不知道哪一檔 ETF 比較適合自己？因此，接下來，本書將針對集中市場中類似元大台灣 50，也是投資台股且績效貼近

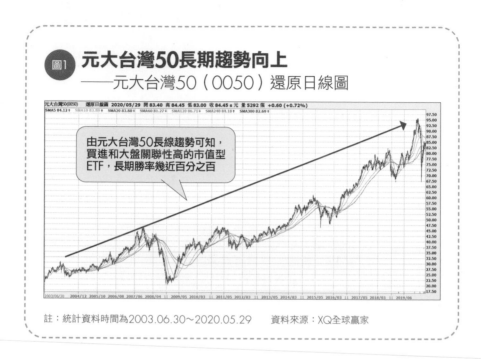

圖1　元大台灣50長期趨勢向上
——元大台灣50（0050）還原日線圖

由元大台灣50長線趨勢可知，買進和大盤關聯性高的市值型ETF，長期勝率幾近百分之百

註：統計資料時間為2003.06.30～2020.05.29　　資料來源：XQ全球贏家

大盤指數的市值型 ETF，分別進行介紹和比較分析：

元大台灣 50

　　首先是台灣投資人最耳熟能詳的元大台灣 50，該檔 ETF 成立於 2003 年 6 月、上市近 17 年，是台灣首檔 ETF。以完全複製法追蹤台灣 50 指數，買進台股內市值前 50 大的公司，並逐季調整持股，目前元大台灣 50 規模約 857 億元、總費用率約 0.43%（截至 2020 年 5 月 26 日，詳見表 2）。

元大台灣50近1年現金股利為3元
——元大台灣50（0050）基本資料

項目	內容
股價（元）	84.45
上市時間	2003 年 6 月
規模（億元）	857.13
近 1 年現金股利（元）	3.00
近 1 年現金殖利率（%）	3.55
總費用率（%）	0.43
追蹤指數	台灣 50 指數
特色	持股為台股中市值前 50 大公司

註：資料日期為 2020.05.26　　資料來源：公開資訊觀測站、MoneyDJ

　　元大台灣 50 也是目前台股中規模最大的 ETF，在持有人數（受益人數）方面僅次於元大高股息。由於歷史悠久、規模最大、持有人數眾多，元大台灣 50 在所有台股相關市值型 ETF 中可以說是占據了龍頭位置，不僅知名度最高、流通性也最佳，每日交易量都在上萬張以上。

　　由於是買進台灣前 50 大權值股，所以，元大台灣 50 並無法百分之百地複製大盤。不過，前 50 大權值股占大盤的比重約在 69%

上下，將近 7 成，與大盤已有相當高的連動性，觀察 2015 年～ 2019 年的 Beta 值（詳見名詞解釋），元大台灣 50 和大盤相關性約在 0.9 ～ 1.1 之間。

也因為其持有前 50 大權值股，持股標的多是台灣各大產業龍頭股，在大者恆大、集團資源與效益更能集中運用下，龍頭股的規模和市值也會愈來愈大，長線報酬更是優於大盤（詳見表 3）。

富邦台 50

另一檔追蹤台灣 50 指數的 ETF——富邦台 50（006208），成立於 2012 年 7 月、上市約 8 年，該檔 ETF 被市場稱為元大台灣 50 的雙胞胎弟弟，成分股與元大台灣 50 完全一致。

目前規模近 38 億元，總費用率 0.34%，低於元大台灣 50 的 0.43%。近 5 年 Beta 值在 0.9 ～ 1.2 間，和元大台灣 50 差距不大。除了費用率較低外，相較於元大台灣 50，富邦台 50 的另一項

💲 名詞解釋

Beta 值

衡量個股、基金或 ETF 與大盤整體指數的連動程度。Beta 值 > 1，表示標的報酬率（風險值）波動幅度，大於市場波動幅度；反之，Beta 值 < 1，表示標的報酬率（風險值）波動幅度，小於市場波動幅度。

表3 元大台灣50近10年報酬率達71.59% ——台灣加權指數vs.元大台灣50（0050）		
項目	台灣加權指數	元大台灣 50（0050）
2010.01.04 收盤價（點／元）	8,207.85	56.50
2019.12.31 收盤價（點／元）	11,997.14	96.95
報酬率（%）	46.17	71.59

註：1. 皆為不含息之報酬率；2. 資料統計時間為 2010.01.04 ~ 2019.12.31
資料來源：XQ 全球贏家

優勢是股價較低，適合手頭資金較少的小資族投資，以 2020 年 5 月 26 日的收盤價計算，買進單張（1,000 股）富邦台 50 的成本約 4 萬 8,000 元，買進元大台灣 50 則約 8 萬 4,000 元。

不過，因為富邦台 50 規模約 37 億 9,200 萬元，僅為元大台灣 50 規模（857 億 1,300 萬元）約 4.42% 左右，富邦台 50 流動性較差，雖然同樣追蹤台灣 50 指數，但追蹤誤差會略高於元大台灣 50（截至 2020 年 5 月 26 日，詳見表 4）。

元大臺灣 ESG 永續

元大臺灣 ESG 永續（00850）成立於 2019 年 8 月，是以 ESG

表4 富邦台50股價約48元，較元大台灣50低
——富邦台50（006208）基本資料

項目	內容
股價（元）	48.38
上市時間	2012 年 7 月
規模（億元）	37.92
近 1 年現金股利（元）	1.80
近 1 年現金殖利率（％）	3.72
總費用率（％）	0.34
追蹤指數	台灣 50 指數
特色	持股與元大台灣 50 相同，為台股中市值前 50 大公司

註：資料日期為 2020.05.26　　資料來源：公開資訊觀測站、MoneyDJ

（Environment、Social、Governance，即環境、社會責任、企業治理，詳見圖 2）等 300 多項評鑑指標作為訴求，進行標的篩選，並且持股近 12 個月，其股東權益報酬率（詳見名詞解釋）不得小於零。

元大臺灣 ESG 永續採完全複製法追蹤台灣永續指數，持股內容每季進行調整，目前總費用率 0.29％，低於追蹤台灣 50 指數的元大台灣 50 和富邦台 50，規模約 74 億元。

ESG包含環境、社會責任及企業治理等內涵
——ESG概念

E Environment
（環境）

1. 溫室氣體排放
2. 空氣質素
3. 能源管理
4. 燃料管理
5. 水及汙水管理
6. 生物多樣化影響
7. 產品和服務的生命週期影響
8. 環境、社會對資產和營運的影響
9. 產品包裝

S Social
（社會責任）

1. 人權
2. 社區關係
3. 客戶福利
4. 數據保安及客戶隱私
5. 公正披露及標示
6. 勞工關係與公正勞工政策
7. 雇員健康、薪酬與福利

G Governance
（企業治理）

1. 系統化風險管理
2. 意外及安全管理
3. 商業倫理
4. 激勵措施架構
5. 報告和審計政策
6. 競爭行為監管
7. 政治影響
8. 採購
9. 供應鏈管理

資料來源‧美國永續會計準則委員會

　　該檔 ETF 採取 ESG 投資策略，持股多以台股中、大型公司且市值排行居前的權值股為主，成分股類似於元大台灣 50，不過持股檔數更多，截至 2020 年 5 月 26 日，共有 71 檔成分股。

　　因為個別股票權重上限為 30%，所以不會出現像元大台灣 50 持股台積電（2330）超過 4 成，單一個股比重過高的問題，具有更分散的優勢。不過，自 2019 年 8 月上市以來，元大臺灣 ESG 永

續報酬率約 6%，低於元大台灣 50 的 7.65%。

　　但元大臺灣 ESG 永續的股價比起上述 2 檔也更平易近人，單張買進成本約 2 萬元，僅需元大台灣 50 約 1/4 股價、富邦台 50 約一半股價（截至 2020 年 5 月 26 日，詳見表 5）。

富邦公司治理

　　富邦公司治理（00692），成立於 2017 年 5 月，目前規模約 63 億元、總費用率 0.35%。

　　其投資標的篩選概念類似元大臺灣 ESG 永續，其追蹤的台灣公司治理 100 指數，以公司治理評鑑出發，後透過流動性、每股淨值、稅後淨利和營收成長率等財務指標進行篩選，最後選出 100 家公司納入成分股（截至 2020 年 5 月 26 日，詳見表 6）。

　　標的篩選條件如下：

 名詞解釋

股東權益報酬率（Return on Equity，ROE）

代表公司拿股東的錢去投資所賺進的報酬率。ROE 愈高，表示公司獲利能力愈佳、愈能替股東賺錢，股東能享受到公司所給予的獲利（股利）自然愈多。其公式為：稅後純益（淨利）÷ 股東權益 ×100%。

表5	元大臺灣ESG永續股價僅約21元

——元大臺灣ESG永續（00850）基本資料

項目	內容
股價（元）	21.22
上市時間	2019 年 8 月
規模（億元）	74.01
近 1 年現金股利（元）	—
近 1 年現金殖利率（％）	—
總費用率（％）	0.29
追蹤指數	台灣永續指數
特色	持有台股中具 ESG 概念之公司，成分股較元大台灣 50 多，與大盤連動性更高

註：資料日期為 2020.05.26　　資料來源：公開資訊觀測站、MoneyDJ

1. **公司治理**：選出近 1 年公司治理評鑑前 20% 的公司。

2. **流動性挑選**：先刪除掉近 1 年日平均交易金額後 20% 的股票。

3. **每股淨值篩選**：剔除近 1 年每股淨值低於面額（10 元）的股票。

4. **稅後淨利率、營收成長率**：符合上述條件之公司，分別以近 1

表6 富邦公司治理成分股達100檔，具分散優勢
——富邦公司治理（00692）基本資料

項目	內容
股價（元）	22.05
上市時間	2017 年 5 月
規模（億元）	63.22
近 1 年現金股利（元）	0.79
近 1 年現金殖利率（%）	3.58
總費用率（%）	0.35
追蹤指數	台灣公司治理 100 指數
特色	以落實「公司治理」的企業為出發，透過稅後淨利與營收成長等財務數據，篩選出 100 檔成分股進行投資

註：資料日期為 2020.05.26　　資料來源：公開資訊觀測站、MoneyDJ

年稅後淨利及營收成長率進行排名，將個別排名加總，由小至大選取前 100 檔列入成分股。

由於成分股高達 100 檔，就持股分散程度而言，富邦公司治理明顯優於前述幾檔市值型 ETF。不過，截至 2020 年 5 月 26 日，富邦公司治理的年化報酬率約 8.13%，略遜於元大台灣 50 的 8.56%，但富邦公司治理價格更親民，股價約 22 元，單張買進成本僅 2 萬

表7	**元大MSCI台灣近1年現金股利為1.25元**

——元大MSCI台灣（006203）基本資料

項目	內容
股價（元）	39.84
上市時間	2011 年 5 月
規模（億元）	4.39
近 1 年現金股利（元）	1.25
近 1 年現金殖利率（％）	3.14
總費用率（％）	0.47
追蹤指數	MSCI 台灣指數
特色	持股涵蓋台灣 50 指數、台灣中型 100 指數和櫃買指數成分股，為全市場型，持股涵蓋電子、傳產、金融 3 大投資區塊，成分股共 18 種產業類別

註：資料日期為 2020.05.26　　資料來源：元大投信、MoneyDJ

2,000 元，約元大台灣 50 股價的 1/4。

元大 MSCI 台灣、富邦摩台、兆豐藍籌 30

　　除了以上幾檔較熱門、較具規模的市值型 ETF 外，目前在台灣集中市場，可以被列入市值型 ETF 的，還有元大 MSCI 台灣（006203）、富邦摩台（0057）和兆豐藍籌 30（00690）等 3 檔（詳見表 7～表 9）。

表8 **富邦摩台規模約2億4800萬元**
——富邦摩台（0057）基本資料

項目	內容
股價（元）	55.90
上市時間	2008 年 2 月
規模（億元）	2.48
近 1 年現金股利（元）	—
近 1 年現金殖利率（％）	—
總費用率（％）	1.14
追蹤指數	MSCI 台灣指數
特色	持股涵蓋台灣 50 指數、台灣中型 100 指數和櫃買指數成分股，為全市場型，持股涵蓋電子、傳產、金融 3 大投資區塊，成分股共 18 種產業類別

註：資料日期為 2020.05.26　　資料來源：富邦投信、MoneyDJ

　　因為這 3 檔 ETF 市場討論度較低、市值規模較小，投資人在買進之前，須注意相關 ETF 的市場流動性風險。

　　在了解台股中各檔市值型 ETF 的特色和優劣勢後，本書特別整理了市值型 ETF 的比較總覽，內有元大台灣 50、富邦台 50 與元大臺灣 ESG 永續等，比較目前的股價、規模、總費用率和追蹤指數，期盼協助讀者迅速地找出適合自己的市值型 ETF（詳見表 10）。

表9	兆豐藍籌30持股較元大台灣50集中

——兆豐藍籌30（00690）基本資料

項目	內容
股價（元）	22.00
上市時間	2017 年 3 月
規模（億元）	3.65
近 1 年現金股利（元）	1.12
近 1 年現金殖利率（%）	5.09
總費用率（%）	0.66
追蹤指數	藍籌 30 指數
特色	精選台股 30 檔個股進行投資，以流動性、營運穩定性、獲利能力和股利配發等條件進行選股，持股較元大台灣 50 更為集中

註：資料日期為 2020.05.26　　資料來源：兆豐投信、MoneyDJ

布局海外市值型ETF，即可投資全球股市

在台灣集中市場供買賣的市值型 ETF 中，除了投資台股之外，還有部分投資於國外股市，連動海外股市的大盤指數（詳見表 11、表 12）。其中，又以陸股為大宗，連動陸股相關指數且較具規模的有元大寶滬深（0061）、FH 滬深（006207）、國泰中國 A50（00636）、中信中國 50（00752）、富邦深 100（00639）、

表10 元大台灣50、富邦台50皆追蹤台灣50指數

名稱（代號）	元大台灣 50（0050）	富邦台 50（006208）	元大臺灣 ESG 永續（00850）	
股價（元）	84.45	48.38	21.22	
規模（億元）	857.13	37.92	74.01	
總費用率（%）	0.43	0.34	0.29	
追蹤指數	台灣 50 指數	台灣 50 指數	台灣永續指數	

註：資料日期為 2020.05.26　　資料來源：元大投信、富邦投信、兆豐投信、MoneyDJ

表11 元大寶滬深、FH滬深皆追蹤滬深300指數

名稱（代號）	元大寶滬深（0061）	FH 滬深（006207）	國泰中國 A50（00636）	
股價（元）	17.14	22.33	19.95	
規模（億元）	41.59	14.96	49.03	
總費用率（%）	0.46	1.43	1.52	
追蹤指數	滬深 300 指數	滬深 300 指數	富時中國 A50 指數	

註：資料日期為 2020.05.26　　資料來源：證交所、MoneyDJ

表12 元大S&P 500、國泰美國道瓊皆為美股ETF

名稱（代號）	元大 S&P 500（00646）	國泰美國道瓊（00668）	
股價（元）	27.46	27.06	
規模（億元）	105.05	22.99	
總費用率（%）	0.85	1.42	
追蹤指數	標普 500 指數	道瓊工業平均指數	

註：資料日期為 2020.05.26　　資料來源：證交所、MoneyDJ

——台股相關市值型ETF比較

富邦公司治理 （00692）	元大 MSCI 台灣 （006203）	富邦摩台 （0057）	兆豐藍籌 30 （00690）
22.05	39.84	55.90	22.00
63.22	4.39	2.48	3.65
0.35	0.47	1.14	0.66
台灣公司治理 100 指數	MSCI 台灣指數	MSCI 台灣指數	藍籌 30 指數

——陸股相關市值型ETF比較

中信中國 50 （00752）	富邦深 100 （00639）	元大上證 50 （006206）	富邦上証 （006205）
22.98	11.10	30.00	28.46
15.24	16.87	25.60	75.35
0.57	1.32	1.30	1.30
MSCI 中國外資自由投資 50 不含 A 及 B 股指數	深證 100 指數	上證 50 指數	上證 180 指數

——美股、日股、印股相關市值型ETF比較

元大日經 225（00661）	富邦日本（00645）	富邦印度（00652）
26.77	19.75	16.84
2.08	2.23	5.37
0.98	1.02	2.04
日經 225 指數	東證股價指數	印度 Nifty 指數

元大上證 50（006206）、富邦上証（006205）等 ETF。

除了數量較多的陸股之外，各大投信亦發行海外的市值型 ETF，其中較具規模的有元大 S&P 500（00646）、國泰美國道瓊（00668）、元大日經 225（00661）、富邦日本（00645）和富邦印度（00652）等，投資人在台灣市場就能輕鬆投資全球股市。

2-2 高息型ETF》高殖利率 **深受存股族青睞**

隨著全球主要央行利率不斷走低，各項投資商品的利息收益愈來愈低，對於投資人，特別是退休族來說，在這個低利橫行、熱錢流竄的時代，想要取得高息又安全的產品可以說是愈來愈困難。在此情況下，各類擁有高股息與高殖利率的存股標的，自然成為了投資人的心頭好。

投資高息型ETF具有3優勢，長期收益佳

持有單一股票所帶來的不確定性和風險，困擾著追求長期穩定收益的存股族，深怕賺了股利卻賠了價差，或是單一個股的股利配發不如以往，讓現金流出現問題。因此，一次買進一籃子股票且標榜高股息的「高息型 ETF」，逐漸被投資人喜愛，甚至成為了最愛。

以最具代表性的元大高股息（0056）來說，根據台灣集中保管

結算所的資料，目前該 ETF 的總受益人數（持有人數）高達 29 萬 6,370 人，遠遠高於第 2 名元大台灣 50（0050）的 16 萬 7,743 人（截至 2020 年 5 月 28 日）。

高息型 ETF 優勢除了一籃子股票分散風險、高股息之外，因具備 Smart Beta（詳見名詞解釋）策略，在挑選成分股時會加入低波動篩選機制，期待藉由降低組合波動度，減輕投資人的持有風險，故高息型 ETF 通常會較個股或其他類型的 ETF 更為耐震，面對空頭市場時更有優勢（詳見圖 1）。

不過，因為不同於市值型 ETF 屬於單純的「被動投資」，高息型 ETF 多了部分「主動選股」的策略機制，其總費用率往往也會高於市值型 ETF。以下介紹 5 檔與台股相關的高息型 ETF：

元大高股息

元大高股息成立於 2007 年 12 月，目前規模達 602 億元、總費

💰 名詞解釋

Smart Beta

是以特定的「策略因子」加入 ETF 的選股機制之中，優化 ETF 的選股與個股權重，並非單純以市值或被動交易設計 ETF，期望透過更多因子創造超過傳統 ETF 的單純 Beta 報酬。

圖1 高息型ETF持股分散，可降低風險
——投資高息型ETF擁3優勢

高息型ETF 3優勢

1 分散風險　　2 高股息　　3 低波動

用率約 0.76%。以完全複製法追蹤台灣高股息指數，該指數由 30
檔成分股所組成，是從台灣 50 指數和台灣中型 100 指數共 150
檔股票中，挑選未來 1 年「預測」現金股息殖利率最高的 30 檔列
入成分股。

　　元大高股息為台灣目前最熱門的股票 ETF，想必有不少讓人喜愛
的優點。首先，因為規模較大，相較其他高息型 ETF，元大高股息
具較佳的流動性和較小的追蹤誤差；而近 1 年、近 3 年和近 5 年
的平均現金殖利率，分別高達 6.46%、5.02% 和 4.66%，長期
穩定打敗定存的現金殖利率，更是元大高股息的最大優點！目前約
27.86 元的股價亦是另一項優勢，小資族單張買進元大高股息僅需

2 萬 7,860 元，相較於元大台灣 50 每張需超過 8 萬元的高價格，投資門檻降低不少（截至 2020 年 5 月 29 日，詳見表 1）。

元大台灣高息低波

另一檔也是由元大投信所發行的元大台灣高息低波（00713），於 2017 年 9 月成立，目前規模近 35 億元、總費用率 1.02%。有別於元大高股息從台灣 50 指數和台灣中型 100 指數共 150 檔個股中選擇標的，元大台灣高息低波則是從台灣前 250 大市值公司股票中，利用高股息、營運穩定、高股東權益報酬率（ROE）和最小波動等 4 特點進行成分股配置。

根據過去數據顯示，「低波動」的股票在空頭市場也可獲得相對佳的報酬，多頭市場亦有較多機會優於大盤指數的報酬，而自元大台灣高息低波上市以來，整體報酬率為 14.18%，勝過同期加權指數的 5.98%。

元大台灣高息低波除了成分股與元大高股息不同外，觀察近 1 年現金殖利率為 5.19%，也低於元大高股息的 6.46%，因成立於 2017 年，故無近 3 年和近 5 年之平均配息數據。每股成交價 30.82 元則略高於元大高股息的 27.86 元（截至 2020 年 5 月 29 日，詳見表 2）。

表1	元大高股息近1年現金殖利率達6.46%

——元大高股息（0056）基本資料

項目	內容
股價（元）	27.86
上市時間	2007 年 12 月
規模（億元）	602.09
近 1 年現金股利（元）	1.80
近 1 年現金殖利率（％）	6.46
總費用率（％）	0.76
追蹤指數	台灣高股息指數
特色	以「高股息」為出發進行成分股篩選，從台灣 50 指數和台灣中型 100 指數共 150 檔股票中，挑選未來 1 年「預測」現金股息殖利率最高 30 檔列入成分股

註：資料日期為 2020.05.29　　資料來源：公開資訊觀測站、MoneyDJ

富邦臺灣優質高息

富邦臺灣優質高息（00730）於 2018 年 2 月發行，其追蹤道瓊斯台灣優質高股息 30 指數，成分股涵蓋上市與上櫃市場，與元大高股息一樣選定 30 檔個股成為成分股，目前則納入 29 檔股票。

富邦臺灣優質高息規模逾 28 億元，相較於元大高股息，規模算相當小；而總費用率為 0.83％，略高於元大高股息；其從上市以來

表2 元大台灣高息低波近1年現金殖利率為5.19%
——元大台灣高息低波（00713）基本資料

項目	內容
股價（元）	30.82
上市時間	2007 年 12 月
規模（億元）	34.97
近 1 年現金股利（元）	1.60
近 1 年現金殖利率（％）	5.19
總費用率（％）	1.02
追蹤指數	台灣指數公司特選高股息低波動指數
特色	強調「低波動」和「高股息」，由台灣前 250 大市值公司股票中，利用高股息、營運穩定、高 ROE 和最小波動等 4 特點，篩選成分股

註：資料日期為 2020.05.29　　資料來源：公開資訊觀測站、MoneyDJ

至現在的總報酬率為 -7.69%，遜於同期加權指數的 3.95%，主因可能為其僅有 30 檔成分股，且較集中於近期受油價衝擊較大的塑化類股，所以總報酬率低於加權指數。

富邦臺灣優質高息股價僅 16.67 元（2020 年 5 月 29 日收盤價），相對較低，適合資金較少的小資族買進（截至 2020 年 5 月 29 日，詳見表 3）。

表3 **富邦臺灣優質高息股價僅約16.67元**
——富邦臺灣優質高息（00730）基本資料

項目	內容
股價（元）	16.67
上市時間	2018 年 2 月
規模（億元）	28.46
近 1 年現金股利（元）	0.75
近 1 年現金殖利率（%）	4.50
總費用率（%）	0.83
追蹤指數	道瓊斯台灣優質高股息 30 指數
特色	以 Smart Beta 策略挑選 30 檔「低波動」、「高股息」和「高品質」個股納入成分股

註：資料日期為 2020.05.29　　資料來源：公開資訊觀測站、MoneyDJ

FH 富時高息低波

　　FH 富時高息低波（00731）是由復華投信所發行，成立於 2018 年 4 月，追蹤富時台灣高股息低波動指數，成分股和元大高股息一樣是從台灣 50 指數和台灣中型 100 指數中選股。

　　不過，FH 富時高息低波特別篩選「高股息」和「低波動」之標的組成，和元大高股息預測未來 1 年 30 檔最高殖利率個股不同。

目前 FH 富時高息低波共有 39 檔成分股，前 3 名產業權重分別為塑膠工業 25.26%、金融保險 23.64% 和電腦及周邊設備 15.72%，在高息型 ETF 中，FH 富時高息低波屬於持股產業及權重較平均分散的 1 檔。

FH 富時高息低波規模近 28 億元，總費用率 0.43%，為高息型 ETF 中費用率最低的 1 檔。但每股成交價較高，以 2019 年 5 月 29 日收盤價 44.45 元來看，高於元大高股息的 27.86 元、元大台灣高息低波的 30.82 元和富邦臺灣優質高息的 16.67 元，對於資金較少的投資人來說，股價稍貴（截至 2020 年 5 月 29 日，詳見表 4）。

國泰股利精選 30

國泰股利精選 30（00701）成立於 2017 年 8 月，追蹤台灣指數公司低波動股利精選 30 指數，一樣是採「低波動」、「高股息」策略選股，成分股數目如同元大高股息、富邦臺灣優質高息一樣，共 30 檔。與元大高股息不同的是，國泰股利精選 30 持有的 30 檔個股主要都是各產業龍頭權值股。

國泰股利精選 30 的成分股中又以金融類股為最大宗，目前共有 5 成（52.04%）以上的持股為金融保險產業、其次為塑化股的

表4	**FH富時高息低波總費用率僅0.43%**

——FH富時高息低波（00731）基本資料

項目	內容
股價（元）	44.45
上市時間	2018 年 4 月
規模（億元）	27.71
近 1 年現金股利（元）	2.27
近 1 年現金殖利率（％）	5.11
總費用率（％）	0.43
追蹤指數	富時台灣高股息低波動指數
特色	由台灣 50 指數和台灣中型 100 指數中選股，並搭配「高股息」和「低波動」的 Smart Beta 策略

註：資料日期為 2020.05.29　　資料來源：公開資訊觀測站、MoneyDJ

11.99% 和第 3 大類電信股的 9.46%，前 3 大產業比重合計占 7 成以上，與元大高股息成分股高度集中於電子業（75.44%）不同，持股相對多為低波動特性的產業、穩定性較高，是 1 檔適合金融存股族的 ETF。

　　國泰股利精選 30 規模逾 44 億元，總費用率 2.11% 則為高息型 ETF 中最高。股價為 20.21 元，單張買進成本約 2 萬元，亦屬於平

易近人的 ETF（截至 2020 年 5 月 29 日，詳見表 5）。

高息型ETF為「主動」選股，績效與大盤有落差

在大概了解台股中各檔高息型 ETF 後，本書特別整理了高息型 ETF 的總覽比較表（詳見表 6），其中共有目前股價、規模、總費用率、近 1 年現金殖利率、持股產業占比與特色等資訊，協助讀者依照自己的需求，挑選出適合的高息型 ETF。

最後，要提醒各位讀者，高息型 ETF 都具有 Smart Beta 因子的選股機制，裡面涉及了「主動」的選股框架和條件，故相關 ETF 績效就會與大盤有所落差，並無法像 2-1 所述的「純被動投資」的市值型 ETF 一般，報酬多數時候都貼近大盤。

所以，投資人在買進高息型 ETF 之前，就要有所心理準備，投資該類具有 Smart Beta 因子機制的 ETF，並非股市一上漲，高息型 ETF 就一定會隨之走揚，其報酬輸給大盤是有可能會發生的。

以最具代表性的元大高股息為例，近幾年的報酬率雖然勝過大盤，或是元大台灣 50 等市值型 ETF，但過去也有特定年度，元大高股息因為持有了像宏達電（2498）等跌幅較重的個股，使其績效

表5　國泰股利精選30持股以金融股為最大宗
──國泰股利精選30（00701）基本資料

項目	內容
股價（元）	20.21
上市時間	2017 年 8 月
規模（億元）	44.52
近 1 年現金股利（元）	1.66
近 1 年現金殖利率（%）	8.21
總費用率（%）	2.11
追蹤指數	台灣指數公司低波動股利精選 30 指數
特色	採「低波動」、「高股息」策略進行選股，成分股共 30 檔，主要都是各產業龍頭權值股，以電信股、塑化股和金融股為大宗，持股穩定性高

註：資料時間為 2020.05.29　　資料來源：公開資訊觀測站、MoneyDJ

落後於大盤。再者，也因為機制內含 Smart Beta 因子，所以高息型 ETF 過往的績效，並無法百分之百代表未來的報酬，各檔 ETF 間的報酬率也會有所落差。

　　若想投資高息型 ETF 追求高收益，務必先透過月報或其他公開資訊，了解 ETF 所使用的持股篩選機制，挑選符合自己需求和自身可接受的投資標的。

表6 **高息型ETF強調「低波動」、「高股息」**

名稱（代號）	元大高股息 （0056）	元大台灣高息低波 （00713）	
股價（元）	27.86	30.82	
規模（億元）	602.09	34.97	
總費用率（%）	0.76	1.02	
近1年現金殖利率（%）	6.46	5.19	
持股產業占比	電子工業（75.44%）、水泥工業（7.52%）、電器電纜（4%）、貿易百貨（3.31%）、鋼鐵工業（3.21%）、金融保險（2.83%）、其他（2.24%）、現金（1.45%）	電子工業（40.07%）、金融保險（24.36%）、食品工業（5.38%）、航運業（2.99%）、塑膠工業（2.70%）、油電燃氣（2.26%）、其他（19.66%）、現金（2.58%）	
特色	追蹤台灣高股息指數，由台灣50指數和台灣中型100指數，挑選未來1年預估殖利率最高30檔列入成分股	追蹤台灣指數公司特選高股息低波動指數，強調「低波動」和「高股息」	

註：資料日期為 2020.05.29　　資料來源：各大投信、公開資訊觀測站、證交所、MoneyDJ

——台股相關高息型ETF比較

富邦臺灣優質高息 （00730）	FH 富時高息低波 （00731）	國泰股利精選 30 （00701）
16.67	44.45	20.21
28.46	27.71	44.52
0.83	0.43	2.11
4.50	5.11	8.21
電子工業（38.99%）、塑膠工業（29.88%）、食品工業（10.51%）、金融保險（9.96%）、油電燃氣業（6.91%）、其他（3.75%）	塑膠工業（25.26%）、金融保險（23.64%）、電腦及周邊設備（15.72%）、水泥類（9.88%）、通信網路（8.35%）、電子通路（2.70%）、營建類（1.77%）、其他電子（1.53%）、其他（8.26%）、流動資產（2.88%）	金融保險（52.04%）、塑膠工業（11.99%）、通信網路（9.46%）、食品工業（5.68%）、電腦及周邊設備（4.42%）、鋼鐵工業（4.21%）、水泥工業（3.52%）、紡織纖維（1.69%）、其他（2.72%）、期貨（4.29%）
追蹤道瓊斯台灣優質高股息 30 指數，挑選 30 檔「低波動」、「高股息」和「高品質」個股	追蹤富時台灣高股息低波動指數，由台灣 50 指數和台灣中型 100 指數中選股，並搭配「高股息」和「低波動」策略	追蹤台灣指數公司低波動股利精選 30 指數，採「低波動」與「高股息」策略進行選股，成分股共 30 檔，主要是金融業與各產業龍頭權值股

2-3 產業型ETF》選對主流 參與相關概念股漲勢

除了被動追蹤指數和複製大盤績效的市值型 ETF，以及追求低波動和高股息的高息型 ETF 之外，近期以投資和追蹤特定產業的產業型 ETF，也正在台灣股市中快速發展。

投資產業型ETF具有3優勢，不錯過單一個股漲幅

過去，當看好某個特定產業時，會面臨相關概念股眾多，不知該買哪一檔的困擾，常發生投資人買進該產業其中一檔個股後，股價不漲反跌；而另一檔投資人沒買進的相關概念股，股價卻漲翻天，形成投資人看對趨勢，卻與報酬擦肩而過，甚至面臨虧損的情況。

而投資產業型 ETF 具有以下 3 優勢（詳見圖 1）：

優勢 1》透過產業型 ETF，就能將同一產業的相關概念股一網打

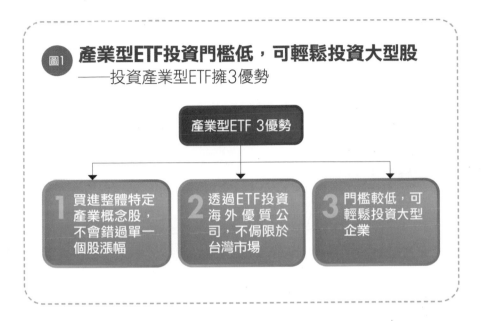

圖1 產業型ETF投資門檻低，可輕鬆投資大型股
——投資產業型ETF擁3優勢

產業型ETF 3優勢

1 買進整體特定產業概念股，不會錯過單一個股漲幅

2 透過ETF投資海外優質公司，不侷限於台灣市場

3 門檻較低，可輕鬆投資大型企業

盡，一籃子選股的方式，就能避免持股出現 A 漲 B 跌的情況，讓投資人能夠雨露均霑，與整體產業一同成長、一起獲利。對於不會選股的投資人來說相當便利，且能分散持股，降低持有單一個股所帶來的投資風險。

優勢 2》身處於台灣市場的我們，也能利用產業型 ETF，間接持有海外知名企業，像是蘋果（Apple）、亞馬遜（Amazon）或微軟（Microsoft）等標的，藉此將持股地區擴大，不再受限於台灣市場，也進一步降低股票配置的風險。

　　優勢 3》產業型 ETF 的買進門檻，相較於某些熱門產業的公司低上許多，讓資金較少的投資人能夠透過 ETF 參與大公司營運。以 5G 概念股台積電（2330）為例，目前（2020 年 6 月 2 日）在台股買進單張股票所需金額約為 29 萬 6,000 元；而投資成分股中有台積電的 5G 概念 ETF──元大全球未來通訊（00861），所需金額約為 2 萬 7,800 元，也就是說，僅需約 1/10 的金額就能間接持有台積電。

　　說了這麼多投資產業型 ETF 的優勢與好處後，相信讀者一定迫不及待地想知道，台灣集中市場中有哪幾類和哪幾檔產業型 ETF 可以投資呢？接下來，就讓我們再將產業型 ETF 分為科技型、金融型、地產型和生技型共 4 類，依序分別介紹目前台灣市場中的 16 檔產業型 ETF 吧！

科技型》可再分為區域類與主題類

　　台灣股市中的產業型 ETF，以科技型為最大宗，目前共有富邦科技（0052）、元大電子（0053）、富邦 NASDAQ（00662，詳見名詞解釋）、國泰臺韓科技（00735）、國泰 AI ＋ Robo（00737）、統一 FANG ＋（00757）、元大全球 AI（00762）、國泰北美科技（00770）、國泰費城半導體（00830，詳見名詞

解釋）、台新全球 AI（00851）、元大全球未來通訊（00861）
和國泰網路資安（00875），合計 12 檔（截至 2020 年 6 月 2 日）。

1. 區域類

　　若進一步將科技產業型 ETF 分類，又可分成以持股種類較全面，
以整個區域市場的科技業作為投資目標的區域類，如富邦科技、元
大電子、富邦 NASDAQ、國泰臺韓科技、國泰北美科技和國泰費
城半導體等。而區域類科技產業型 ETF 又可再依投資地區不同，分
為台灣、北美和台灣＋韓國等（詳見表 1）。

　　若投資人對於科技股有興趣，但不知道該投資何種特定產業時，
即可透過投資富邦科技等 ETF，統包國內外各大市場的科技產業，
直接投資與持有蘋果、阿里巴巴、亞馬遜和台積電全球主要科技股。

💰 **名詞解釋**

NASDAQ（那斯達克指數）

成立於 1971 年，世界上最重要的市場指數之一，在 NASDAQ 掛牌上市的公司以高科技
公司為主，包括微軟（Microsoft）、Google、臉書（Facebook）、蘋果（Apple）和英
特爾（Intel）等，堪稱全球最具代表性的科技指數。

費城半導體指數

簡稱費半，成立於 1993 年，為全球半導體業最具代表性的指數，該指數涵蓋半導體業製造、
配銷、設計、銷售等上下游公司。

表1 **區域類的投資地區包含台灣、北美等**

名稱 （代號）	富邦科技 （0052）	元大電子 （0053）	富邦 NASDAQ （00662）
股價（元）	64.60	39.30	37.00
規模（億元）	19.70	2.55	10.92
總費用率（%）	0.91	0.65	1.65
追蹤指數	台灣資訊科技指數	電子類加權股價指數	NASDAQ-100 指數
特色	成分股為台股上市公司中市值前 150 大且行業別屬 ICB 分類之科技公司組成，持股涵蓋各大科技相關產業	成分股是以所有台灣證券交易所產業分類為「電子類」之上市公司股票所組成，包含台灣所有科技電子類股	從那斯達克指數扣除金融股後，由最大的 100 檔股票構成 NASDAQ-100 指數，成分股包含微軟（Microsoft）、蘋果（Apple）、臉書（Facebook）和 Google 等國際知名科技公司

註：資料日期為 2020.06.02　　資料來源：各大投信、公開資訊觀測站、MoneyDJ

2. 主題類

另外一類則是投資於特定產業，像是國泰 AI ＋ Robo、統一 FANG ＋、元大全球 AI、台新全球 AI、元大全球未來通訊和國泰網路資安（詳見圖 2）。

主題類科技產業型 ETF 堪稱目前市場中的當紅炸子雞，愈來愈多

──在台掛牌的區域類科技產業型ETF

國泰臺韓科技 （00735）	國泰費城半導體 （00830）	國泰北美科技 （00770）
20.07	17.49	26.55
1.26	11.10	2.11
0.94	─	─
台韓資訊科技指數	美國費城半導體指數	標普北美科技行業指數
台灣和韓國為全球科技品牌及供應鏈重鎮，該ETF主要投資台、韓科技股。成分股包含LG、三星（Samsung）和台積電（2330）等大型科技公司	費城半導體指數為在美國掛牌之半導體科技公司，因半導體為電子設備關鍵零組件，近年來全球相關個股業績成長和股價漲幅皆相當強勢	標的指數的成分股在紐約證交所、那斯達克、IEX及BATS等交易所上市，持股包含微軟、蘋果、Google和亞馬遜（Amazon）等北美科技龍頭股

人投入相關市場，投資相關商品。以「主題類」的投資方式，能讓一般投資人能夠用小資金買進時下最夯、最熱門的產業。

目前台股市場中，以5G、AI（人工智慧）、產業龍頭股等3種主題最為常見。這些ETF成分股多圍繞著全球重要科技龍頭公司，例如蘋果、亞馬遜、Google、微軟和超微（AMD），又因主題訴

求不同，成分股會有所不同，但主要都是投資於新興科技，旨在享受科技公司高成長所產生的高報酬（詳見表 2）。

金融型》股利配發穩定，不遜於普通金融股

除了上述所說的科技產業型 ETF 外，台股市場中目前有 1 檔主要是投資金融業個股的 ETF ──元大 MSCI 金融（0055），該 ETF 成立於 2007 年 7 月，目前成分股共有 18 檔，皆為台灣的金融股，另有部分資金投資於台灣金融期貨（詳見表 3）。

對於想存金融股的人來說，一籃子買進台灣各大金融股的元大 MSCI 金融，就是一個免去挑股票煩惱的好標的。

再者，相較於元大 MSCI 金融中的成分股上海商銀（5876）每張逾 4 萬元的投資門檻，元大 MSCI 金融每張僅需 2 萬元不到（約 1 萬 7,500 元），股價相對親民。

此外，金融股存股族的存股目的多為取得配息股利，而元大 MSCI 金融在股利配發上絲毫不遜色，2019 年度配發現金股利 0.7 元，依目前（2020 年 6 月 2 日）收盤價 17.5 元進行計算，現金殖利率也有約 4% 的高水準。

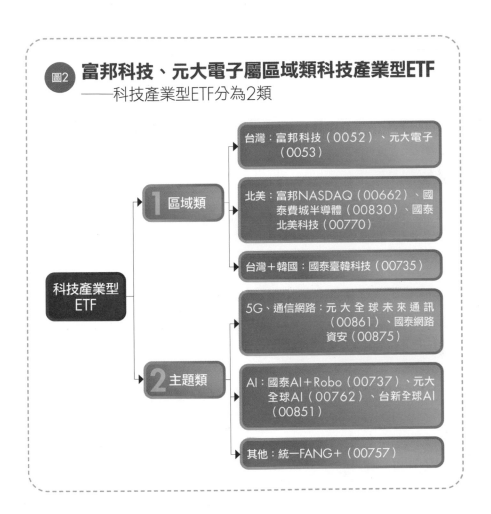

圖2 富邦科技、元大電子屬區域類科技產業型ETF
——科技產業型ETF分為2類

科技產業型ETF

1 區域類
- 台灣：富邦科技（0052）、元大電子（0053）
- 北美：富邦NASDAQ（00662）、國泰費城半導體（00830）、國泰北美科技（00770）
- 台灣＋韓國：國泰臺韓科技（00735）

2 主題類
- 5G、通信網路：元大全球未來通訊（00861）、國泰網路資安（00875）
- AI：國泰AI＋Robo（00737）、元大全球AI（00762）、台新全球AI（00851）
- 其他：統一FANG＋（00757）

地產型》投資小錢即可當包租公、包租婆

誰說小資金不能投資房地產？接下來要介紹的地產型產業ETF，

表2 **主題類以AI、5G等主題最為常見**

名稱（代號）	國泰 AI＋Robo（00737）	統一 FANG＋（00757）	
股價（元）	23.14	28.35	
規模（億元）	11.93	2.27	
總費用率（%）	1.02	0.23	
追蹤指數	那斯達克 CTA 全球人工智慧及機器人指數	NYSE FANG＋指數	
特色	成分股橫跨 AI（人工智慧）與機器人（Robot）上下游產業，包含 iRobot、益華（Cadence）等國際知名自動化相關軟硬體製造商	以美股 5 大科技龍頭股，包含臉書（Facebook）、蘋果（Apple）、亞馬遜（Amazon）、網飛（Netflix）和 Google 為主要成分股，搭配其他 5 檔個股形成 FANG＋	

註：資料時間為 2020.06.02　　　資料來源：各大投信、公開資訊觀測站、MoneyDJ

就能完成用小錢完成大家當包租公、包租婆的夢想！

　　現行台股中共有 2 檔關於房地產的產業型 ETF（詳見表 4）：1.FH 富時不動產（00712）、2. 群益道瓊美國地產（00714）。這 2 檔 ETF 雖然都是投資房地產或不動產相關，但其所追蹤指數的投資方式卻是截然不同。

──在台掛牌的主題類科技產業型ETF

元大全球 AI（00762）	台新全球 AI（00851）	元大全球未來通訊（00861）	國泰網路資安（00875）
27.92	23.07	20.78	25.20
6.22	12.35	116.56	13.60
－	－	－	－
STOXX 全球人工智慧指數	SG 全球 AI 機器人精選指數	ICE FactSet 全球未來通訊指數	那斯達克 ISE 全球網路資安指數
以 AI 為主題進行投資，主要持股如輝達（NVIDIA）、康耐視（COGNEX）等，皆與 AI、自動化工業有關	成分股包含資訊服務、演算法開發、工業自動化和先進醫療等產業，持股多為全球知名科技業軟硬體公司	以 5G、通信網路作為投資主題，成分股包含小米、蘋果、高通（Qualcomm）、台積電（2330）和美國塔等手機零組件製造和通信基地台設備供應商	成分股聚焦全球頂尖資安公司，包含防毒軟體、防火牆、VPN 技術等資訊安全相關產業股

　　FH 富時不動產所追蹤的富時 NAREIT 抵押權型不動產投資信託指數，其投資的標的是位處美國的房地產抵押型債權商品，較形似於「貸款」的債券性質；群益道瓊美國地產所追蹤的道瓊美國地產指數，則是以投資權益型 REITs（不動產信託投資，將不動產證券化成基金形式，以較低的門檻投資不動產）為主，相當於直接擁有住宅、商場或基地台等不動產，進行收租後再將租金收益分配給投資人。

表3

元大MSCI金融近1年現金股利為0.7元
——元大MSCI金融（0055）基本資料

項目	內容
股價（元）	17.50
上市時間	2007 年 7 月
規模（億元）	6.41
近 1 年現金股利（元）	0.70
近 1 年現金殖利率（%）	4.00
總費用率（%）	0.59
追蹤指數	MSCI 台灣金融指數
特色	成分股主要是以在台灣證交所上市之金融產業，且流通市值排列在金融業前 85% 個股，一籃子投資台灣金融產業，充分分散持股且省去選股煩惱

註：資料日期為 2020.06.02　　資料來源：元大投信、公開資訊觀測站、MoneyDJ

　　既然要當包租公、包租婆，相關 ETF 配發給投資人的租金（股利）也就相對重要。根據這 2 檔 ETF 最近 1 年的配息數據顯示，2019年 FH 富時不動產共配發 0.94 元現金股利，依目前（2020 年 6月 2 日）股價 10.13 元計算，現金殖利率高達 9.28%；而群益道瓊美國地產於 2019 年度共配發現金股利 0.56 元，依目前（2020年 6 月 2 日）股價 18.53 元計算，現金殖利率約 3.02%，遜於FH 富時不動產。

表4 **FH富時不動產近1年現金殖利率達9.28%**
——2檔地產產業型ETF基本資料

名稱（代號）	FH 富時不動產 （00712）	群益道瓊美國地產 （00714）
股價（元）	10.13	18.53
上市時間	2017 年 8 月	2017 年 10 月
規模（億元）	8.71	1.22
近 1 年現金股利（元）	0.94	0.56
近 1 年現金殖利率（%）	9.28	3.02
總費用率（%）	3.89	1.83
追蹤指數	富時 NAREIT 抵押權型不動產投資信託指數	道瓊美國地產指數
特色	主要投資於具有高股利特性的美國抵押權型不動產投資信託商品，形似於「貸款」的債券性質，與一般的權益型REITs 商品不同	投資於權益型 REITs，與FH 富時不動產的抵押權型不同，該 ETF 包含約 6 成傳統型住宅和商辦 REITs 及 4 成基地台、資料中心或醫療護埋設施特殊型 REITs

註：資料日期為 2020.06.02　　資料來源：各大投信、公開資訊觀測站、MoneyDJ

　　不過，因為 2020 年初全球受到新冠病毒肺炎疫情衝擊，造成與房地產連動的 REITs 相關產品跌價頗深，特別是抵押擔保型的 REITs 因風險升高，跌價特別嚴重，出現股價跌而現金殖利率提高的情況，

表5 群益NBI生技以追蹤NBI生技指數為主
——群益NBI生技（00678）基本資料

項目	內容
股價（元）	25.85
上市時間	2017 年 1 月
規模（億元）	2.18
近 1 年現金股利（元）	─
近 1 年現金殖利率（%）	─
總費用率（%）	1.41
追蹤指數	NBI 生技指數
特色	台灣唯一一檔追蹤生技相關指數的 ETF，主要投資於在那斯達克上市之生技與醫藥產業股票，持股為吉利德（Gilead）等美國生醫業者，未來可望受惠於高齡化和美國國內醫療支出增加

註：資料日期為 2020.06.02　　資料來源：群益投信、公開資訊觀測站、MoneyDJ

投資人須特別注意相關商品風險。

生技型》高齡化社會來臨，生技產業備受關注

最後一類的產業型 ETF，是以投資生技產業為主的群益 NBI 生技（00678），該 ETF 成立於 2017 年 1 月，追蹤 NBI 生技指數，

是挑選那斯達克指數中上市的生物科技和醫藥股票所組成，為全世界生技醫藥產業最具代表性的股票指數（詳見表5）。

不只是台灣，現在全球多數已開發國家都面臨到「高齡化」問題，生技醫藥相關產業的重要性日漸提高，相對提升了相關ETF的市場關注度。而生技業又以美國業者領導，因此，透過NBI生技指數ETF一籃子投資於相關個股，算是投資生技醫藥產業相當好的選擇。

Chapter
3

股票ETF攻略

3-1 善用0050＋0056優勢 股息、價差雙賺

投資台股，到底該買元大台灣 50（0050）還是元大高股息（0056）？這可說是近年來台灣 ETF 市場中最熱議的問題，2 檔 ETF 各有擁護者，到底誰比較好的爭論從未停過。其實，背後反映的問題，就是投資人到底該投資市值型 ETF 還是高息型 ETF？

但投資從來就不是單選題，沒有人說投資只能選擇一檔標的、一類商品，因此與其拘泥於非一檔標的不可，你反而應該善用這 2 類型 ETF 的優勢和特性，只要搭配適合的投資策略，就能幫自己打造一個股息、價差雙賺的投資組合。

高息型ETF具有2項特質，適合存股

至於實際上該怎麼做呢？又該採用哪種投資策略呢？第 1 步，就要先從透視高息型 ETF 與市值型 ETF 的特質開始，而由於在台灣發

行時間最久也最具代表性的高息型 ETF 和市值型 ETF 分別是元大高股息和元大台灣 50，因此接下來的比較和說明，也將以這 2 檔 ETF 作為代表。高息型 ETF 具有 2 項特質：

特質 1》高殖利率

高息型 ETF 最為突出的特點就是「高殖利率」。以元大高股息為例，自 2011 年連續配息以來，最高年均殖利率為 8.54%，最低年均殖利率則也有 3.61%，整體來說，歷年平均殖利率為 5.62%，與現在不到 1% 的銀行 1 年期定存利率水準相比，超出 5 倍以上（詳見表 1）！

與元大台灣 50 的歷年平均殖利率 3.36% 相比，元大高股息的歷年平均殖利率也勝出 2 個百分點以上，因此與投資元大台灣 50 相比，若本金一樣都是 100 萬元，元大高股息會比元大台灣 50 每年多領 2 萬元，讓你領息領得很有感！

特質 2》低波動度

除了股利多之外，高息型 ETF 相較市值型 ETF 的波動要低，也相對抗跌，整體報酬更穩定。回測過去數據，元大高股息從 2011 年以來，投資人無論從哪一年開始進場定期定額，最終獲得的年化報酬率都不會相差太多，至少都在 7% 以上。也就是說，就算市場進

表1	元大高股息2019年年均殖利率為6.7%
	——元大高股息（0056）配息金額與年均殖利率

年度	配息金額（元）	年均殖利率（%）
2011	2.20	8.54
2012	1.30	5.49
2013	0.85	3.61
2014	1.00	4.12
2015	1.00	4.33
2016	1.30	5.67
2017	0.95	3.78
2018	1.45	5.62
2019	1.80	6.70

註：年均殖利率以該年度配發現金股利 ÷ 年均股價 ×100% 計算

資料來源：Goodinfo! 台灣股市資訊網、證交所

入空頭修正，對於元大高股息的年化報酬率也不會造成太大的衝擊（詳見表2）。

綜合以上 2 項特質來看，高息型 ETF 是非常適合用來「存」的，一來可以穩賺比銀行利息高上數倍的股息，能夠製造一筆豐沛的現金流。再者，無論投入市場的時點為何，無論市場處於何種位置，所能獲得年化報酬率都不至於相差太大，不用擔心進場為高點遇上

表2 **定期定額投資元大高股息年化報酬率逾7%**
——元大高股息（0056）定期定額年化報酬率

開始定期定額投資時間點	年化報酬率（％）
2011 年 1 月	7.32
2012 年 1 月	7.68
2013 年 1 月	8.04
2014 年 1 月	8.40
2015 年 1 月	9.12
2016 年 1 月	9.24
2017 年 1 月	8.76
2018 年 1 月	9.00
2019 年 1 月	8.64

註：1. 統計時間至 2020.05.28；2. 以每月定期定額投入 5,000 元計算，且股利皆不再投入
資料來源：Alpha168 網站、證交所

大幅拉回，讓報酬率嚴重縮水的情況，因此也能讓你的資產穩定地
向上成長，較不用擔心市場波動。

定期定額投資，分散風險、平均成本

至於高息型 ETF 要怎麼存呢？最推薦的入門策略當然是能夠達到
分散風險最安全又最簡單的「定期定額」。這個策略簡言之，就

是設定好每月可投資的固定金額，在每個月固定時間買進高息型 ETF，不挑價格也不挑進場時機，當 ETF 價格在高檔時就會少買一點單位數，在股價低檔時，就會買進多一點單位數，機械式執行長期下來就可以達到平均成本的效果。

這個策略用在投資個股上不一定能成立，因為 1 家公司可能會隨著產業變化或競爭力下滑，使得股價長期走低，甚至是下市倒閉，若採用定期定額持續買進攤平成本，反而是讓自己愈套愈深。但是投資一籃子股票的 ETF 就沒有這樣的問題，因為成分股不可能同時全數倒閉；再者，一但成分股表現不如預期，也會被剔除在 ETF 持股之外，因此 ETF 就算是股價下跌，只要給予時間，總有一天能夠漲上來。

至於該設定多少資金定期定額投資高息型 ETF 呢？除了考量自己的收入之外，建議不妨幫自己設定每年的領息目標來推算每月的投資金額，這樣存起高息型 ETF 將會更有效率，領息也會領得更有成就感。

舉例來說，假設第 1 年目標是領息領到 6,000 元，若以元大高股息年均殖利率 5.62% 換算，則反推第 1 年應該要投入約 10 萬 6,762 元（6,000 元 ÷5.62%）左右，平均分配到 12 個月，則

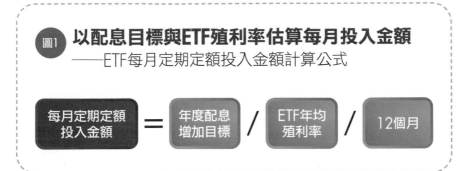

圖1 **以配息目標與ETF殖利率估算每月投入金額**
——ETF每月定期定額投入金額計算公式

| 每月定期定額投入金額 | = | 年度配息增加目標 | / | ETF年均殖利率 | / | 12個月 |

每個月應該要投入大約 9,000 元（10 萬 6,762 元 ÷12 個月），
以這樣近似強迫儲蓄的方式投資，持之以恆就能按計畫達成領息目
標，並且擴大投資部位（詳見圖 1）。

市值型ETF高低檔落差較大，適合做價差

相較於高息型 ETF，市值型 ETF 殖利率相對要低，且波動幅度要
大，若利用定期定額方式進入市場，依據不同的時間點及市場高低
位置，則年化報酬率表現將會落差很大。也就是說，當市場在相對
低檔時，定期定額買進市值型 ETF 當然沒問題，但若是台股處於相
對高檔時，才開始投資市值型 ETF，就算是利用定期定額的方式，
則市場一但遭遇大幅拉回，報酬率亦將會減損不少，容易衝擊投資
人長期投資的信心（詳見圖 2）。

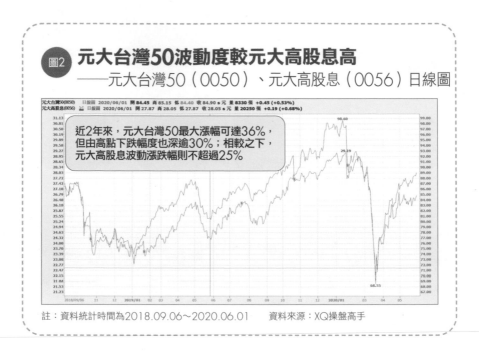

圖2 **元大台灣50波動度較元大高股息高**
——元大台灣50（0050）、元大高股息（0056）日線圖

近2年來，元大台灣50最大漲幅可達36%，但由高點下跌幅度也深逾30%；相較之下，元大高股息波動漲跌幅則不超過25%

註：資料統計時間為2018.09.06～2020.06.01　　　資料來源：XQ操盤高手

這樣的狀況也反映在報酬率表現上。以元大台灣 50 為例，其長期定期定額投資年化報酬率雖在 8% 左右，但若是從 2017 年台股上萬點後才開始定期定額買進元大台灣 50，年化報酬率就會降至不到 5%，與 2017 年之前出現明顯落差，主因就在於 2017 年，台股上萬點之後，在 2018 年與 2020 年兩度遭遇了大幅的拉回，走勢貼近大盤的市值型 ETF 自然會跟隨著修正（詳見表 3）。

不過，也由於市值型 ETF 波動偏大的關係，相對高息型 ETF 將更

表3 **2017年後投資元大台灣50，報酬率不到5%**

──元大台灣50（0050）定期定額年化報酬率

開始定期定額投資時間點	年化報酬率（%）
2011 年 1 月	8.04
2012 年 1 月	8.16
2013 年 1 月	7.80
2014 年 1 月	7.44
2015 年 1 月	7.32
2016 年 1 月	6.84
2017 年 1 月	4.92
2018 年 1 月	4.08
2019 年 1 月	3.00

註：1. 統計時間至 2020.05.28；2. 以每月定期定額投入 5,000 元計算，且股利皆不再投入
資料來源：Alpha168 網站、證交所

有做價差的空間，只要低買高賣就能大幅提升報酬率表現。

靠樂活五線譜投資法＋金字塔加碼法提高獲利

但什麼價位是低？什麼價位是高？投資進場時該怎麼判斷，當然絕對不能只憑感覺，此時「樂活五線譜投資法」就是相當理想判斷市場高低點的投資工具，若是再搭配「金字塔加碼法」就能讓獲利

表現更上一層樓。

樂活五線譜投資法》判斷價位

　　樂活五線譜投資法由已故理財部落客艾倫（Allan Lin）和「Alpha 168 網站」站長、高雄科技大學資管系助理教授薛兆亨，以及部落格「tivo168 的投資理財 Excel 應用教學」版主 tivo 共同開發，並設計成自動化網頁。

　　樂活五線譜投資法設計原理是利用統計學上的「均值回歸」，指當數值偏離平均值時，將會回歸均值，套用在投資上代表當股價下跌後會往均值回彈，漲到高檔時也會向下拉回靠近均值，個股有可能會因為經營不善而下市，股價下跌後再也無法回歸均值，但是 ETF 包含一籃子股票就沒有這樣的問題，因此相當適合利用樂活五線譜投資法。

　　具體來說，樂活五線譜投資法以股價的回歸直線為趨勢線（中線，圖 3 桃紅色線），再分別利用 1 個標準差與 2 個標準差往上及往下各畫 2 條線，總共有 5 條線。就統計學的常態分布來看，當股價跌到趨勢線的下方第 1 條線（悲觀線，圖 3 深藍線）時，股價再下跌的機率為 15.8%，若是股價持續探底觸及下方第 2 條線（極悲觀線，圖 3 綠線）時，股價再向下跌的機率就只剩下 2.2%。

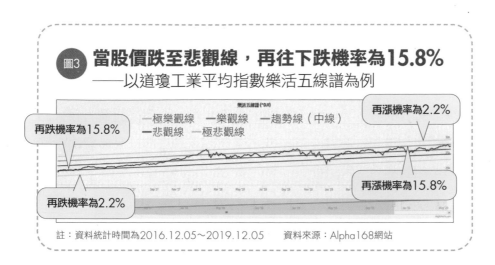

圖3 **當股價跌至悲觀線，再往下跌機率為15.8%**

——以道瓊工業平均指數樂活五線譜為例

樂活五線譜 (^DJI)

—極樂觀線　—樂觀線　—趨勢線（中線）
—悲觀線　—極悲觀線

再漲機率為2.2%

再跌機率為15.8%

再漲機率為15.8%

再跌機率為2.2%

註：資料統計時間為2016.12.05～2019.12.05　　資料來源：Alpha168網站

　　反之，當股價向上觸及趨勢線上方第 1 條線（樂觀線，圖 3 淺藍線）時，代表股價再上漲的機率為 15.8%，當股價再漲至趨勢線上方第 2 條線（極樂觀線，圖 3 黃線）位置時，股價再漲機率就只剩下 2.2%。也就是說，大多數時候，股價都會在這 5 條線之間擺盪。

　　雖然沒有人能夠準確地買在最低、賣在最高，但利用這個工具，有了統計學的支持，投資人對於股價處於相對高點或相對低點就能有明確的掌握，買進賣出都能有所依據。

　　一般來說，樂活五線譜投資法可使用 3.5 年區間作為買低賣高的操作參數，使用更長的時間區間則可看到標的更長線的趨勢。實際

運用的最簡單方式，投資人可分為 2 種策略：

策略 1》當股價觸及悲觀線時就開始買進

這個方式的好處是，能夠進場的次數比較多，但是股價有較大的機率還可能會再往下跌，可能要承受一段下跌空間，且股價向上回彈時，相對獲利空間比較小。

策略 2》當股價觸及極悲觀線時才買進

這樣的操作方式是勝率最高的方式，股價再向下跌的機率小，向上反彈的空間更大，但是相對地，出現的機會較少，進場的機會也較少，資金可能會在場邊閒置比較久。

至於賣出點，同樣可以觸及樂觀線與極樂觀線作為出場判斷。但一樣地，以樂觀線作為出場判斷能夠比較多次停利出場，但是獲利相對少，也可能錯過之後的漲幅；觸及極樂觀線才出場則是獲利空間大，但是可能不易遇到。

金字塔加碼法》擴大獲利

資金若是夠搭配金字塔加碼法分批進場，則可以避免單筆進場所有資金一起被套牢的狀況，更可以強化報酬率表現。金字塔加碼法的精神就是愈跌加碼部位愈大，有效地拉低平均成本、擴大部位，

等到市場上漲時，就能有更豐厚的獲利。

舉例來說，投資人可以盤點手上可用的資金，將手中部位分成 4 份，比率分別是 10%、20%、30%、40%，當股價跌至悲觀線時就進場買進第 1 筆，當股價再續跌 5% 時再加碼第 2 筆，若是股市再續跌就再進場加碼，直至資金用罄。

市場出現風險時，先看「樂活通道」再操作

不過要記得，樂活五線譜投資法服膺 1 個基本假設，就是股價上下波動符合常態分布。有時市場會發生「黑天鵝事件」，改變股價常態的趨勢，也就是說，股價已經跌破極悲觀線了，但卻還是大幅探底或再跌很久，此時投資人就有可能進場太早、提早用光加碼資金，不知何時回歸常態的狀況往往會讓投資人承受極大的套牢壓力。

2020 年上半年發生的新冠病毒肺炎疫情對全球股市就造成了這樣的情況。以台股來看，這次疫情讓台股從高點下跌逾 30%，使元大台灣 50 在 3 月 17 日時就跌破了極悲觀線，但卻還再向下跌了超過 8% 才止跌，若依據先前的策略投入，這樣的跌法會讓投資人的大量資金在市場中被套牢，亦會讓大多數投資人承受不住市場跌跌不休的恐懼心理。

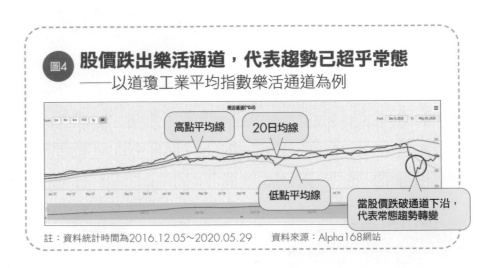

圖4 股價跌出樂活通道，代表趨勢已超乎常態
——以道瓊工業平均指數樂活通道為例

高點平均線　　20日均線

低點平均線

當股價跌破通道下沿，
代表常態趨勢轉變

註：資料統計時間為2016.12.05～2020.05.29　　資料來源：Alpha168網站

此時就可以搭配使用「樂活通道」來避免這樣的狀況（詳見圖解教學）。樂活通道總共由 3 條線所組成，中間線採 20 日均線畫成，上方線則由過去高點平均組成，下方線則是過去低點平均組成，是 1 條會隨市場價格走勢變動的通道。

當股價超出樂活通道下沿或上沿時，代表股價的趨勢可能已經不同於以往，此時無論要買進或賣出，最好都先等待，直到股價回歸樂活通道時再操作（詳見圖 4）。

就實際例子來看，2020 年 3 月 13 日當元大台灣 50 股價跌至五線譜的悲觀線時，原本是該進場的時機，但若此時搭配樂活通道

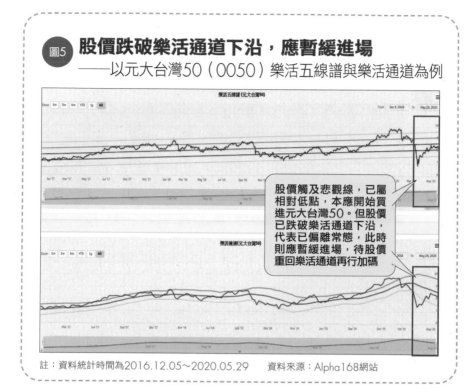

圖5 **股價跌破樂活通道下沿，應暫緩進場**
——以元大台灣50（0050）樂活五線譜與樂活通道為例

股價觸及悲觀線，已屬相對低點，本應開始買進元大台灣50。但股價已跌破樂活通道下沿，代表已偏離常態，此時則應暫緩進場，待股價重回樂活通道再行加碼

註：資料統計時間為2016.12.05～2020.05.29　　資料來源：Alpha168網站

觀察，股價早已跌破樂活通道下沿（也就是過去低點平均），代表股價趨勢已經超出常態。此時，手中要加碼的資金就可以先保留不要進場，直至股價回歸樂活通道之內，再一口氣將預計加碼的資金投入，這樣的做法不僅平均成本會較原先設定的要低，股價再大幅探底的可能性也很低了，如此一來，投資人仍不會錯過投資的機會，同時承受的套牢壓力也會小很多（詳見圖5）。

圖解教學　查詢ETF樂活五線譜及樂活通道

STEP 1
首先進入Alpha168網站（invest.wessiorfinance.com/notation.html），確認左方選擇的是❶「樂活五線譜」。

STEP 2
接著下拉網頁，在❶「股票名稱或代碼（外國股票直接輸入代碼）＊」欄位輸入ETF名稱或代碼（此處以元大台灣50為例，輸入「0050」），並選擇❷「觀察日期（預設今日）＊」（此處以2020.06.01為例），以及❸「計算期間（預設3.5年）＊」（系統預設為3.5年，但也可手動更改），最後按下❹「繪圖」。

STEP **3** 進入下個頁面後，下拉畫面即可看到元大台灣50的❶「樂活五線譜」與❷「樂活通道」。進場投資前，可以先觀察ETF在樂活五線譜的位階，並且確認是否仍在樂活通道之內。

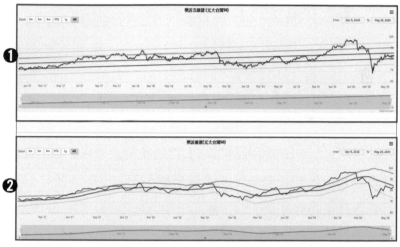

資料來源：Alpha168 網站

正確操作產業型ETF
提高投資勝率

3-2

　　近年來，5G、AI（人工智慧）無疑是投資市場的當紅題材，但你是否也想參與話題趨勢，卻不懂選股，不知從何下手？2020 年新冠病毒肺炎疫情蔓延全球，各國爭相開發疫苗，生技醫療產業正夯，你是否看好趨勢發展卻選不定標的？

　　相信很多投資人一定有這種經驗，看好某些特定產業、趨勢，卻不知該如何布局個股，或是偏偏挑中表現最不理想的個股，造成看對趨勢卻無法獲利的狀況，只要善用產業型 ETF 就可以輕鬆解決你的投資窘境。但你知道產業型 ETF 該怎麼操作嗎？以下就針對最受投資人關注的「科技產業型 ETF」和「生技產業型 ETF」進行介紹：

科技產業型ETF》做好2項準備再進場

　　目前台灣 ETF 市場中，發行最熱絡的股票 ETF 就屬科技產業型

ETF 了！發行總數共有 12 檔，光是從 2018 年以來就新增發行 9 檔（截至 2020 年 6 月 2 日），且在 2020 年陸續還有至少 2 檔科技產業型 ETF 將要上市，發行熱度可説是一點都未見退燒。

但人人都適合投資科技產業型 ETF 嗎？要投資科技產業型 ETF 又該做好哪些的投資準備呢？若你對科技產業型 ETF 心動，先來了解你是不是已有以下的投資準備：

準備 1》對於產業趨勢有明確看法

透過全市場型 ETF，投資人可以參與整體市場的成長，這類型 ETF 的持股內容包羅萬象、多元且分散，從金融到消費、從傳產到科技，什麼產業都有，買 1 檔 ETF 就等於持有全市場。對於產業沒有研究、沒有特別看法的投資人，全市場型 ETF 可以説是最理想的 ETF，報酬貼近走勢，風險也是最分散的。

但是，有些投資人儘管對於個股沒有太深入的研究，但對各產業發展趨勢卻有明確的看法跟判斷，例如偏好科技業，但對於金融業成長前景看淡，對於這樣的投資人來說，與其投資包含金融業的全市場型 ETF，其實更適合投資科技產業型 ETF。因為如此一來，不僅可以免去高難度的選股步驟，而且仍能參與科技產業發展趨勢，更貼近於投資人的投資目標與操作目的（詳見圖 1）。

全市場型ETF投資標的包含各類產業
——全市場型ETF vs.科技產業型ETF

◎全市場型ETF

包含科技、生技、傳產、金融、能源等各類產業

◎科技產業型ETF

科技產業為主,還包含各個科技次產業,如5G、AI、雲端、網路等

準備 2》積極且能夠承受市場高波動度

科技產業型 ETF 是以科技產業為主軸,搭配趨勢主題設計的產品,因此投資標的高度集中在性質相近的公司,也正由於標的同質性高,所以這些公司的股價波動容易受相同的因素影響,如產業趨勢轉變、政府政策、經濟因素等。

當利多出現時,就會帶動科技產業型 ETF 持股普遍上揚;反之,一旦利空因素浮現時,科技產業型 ETF 的持股可能絕大多數都會一

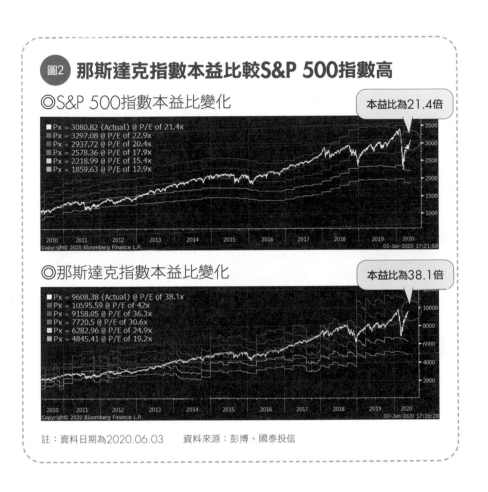

圖2 那斯達克指數本益比較S&P 500指數高

◎S&P 500指數本益比變化

本益比為21.4倍

■ Px = 3080.82 (Actual) @ P/E of 21.4x
■ Px = 3297.08 @ P/E of 22.9x
■ Px = 2937.72 @ P/E of 20.4x
■ Px = 2578.36 @ P/E of 17.9x
■ Px = 2218.99 @ P/E of 15.4x
■ Px = 1859.63 @ P/E of 12.9x

2010 2011 2012 2013 2014 2015 2016 2017 2018 2019 2020
Copyright© 2020 Bloomberg Finance L.P.   03-Jun-2020 17:21:58

◎那斯達克指數本益比變化

本益比為38.1倍

■ Px = 9608.38 (Actual) @ P/E of 38.1x
■ Px = 10595.59 @ P/E of 42x
■ Px = 9158.05 @ P/E of 36.3x
■ Px = 7720.5 @ P/E of 30.6x
■ Px = 6282.96 @ P/E of 24.9x
■ Px = 4845.41 @ P/E of 19.2x

2010 2011 2012 2013 2014 2015 2016 2017 2018 2019 2020
Copyright© 2020 Bloomberg Finance L.P.   03-Jun-2020 17:26:28

註：資料日期為2020.06.03　　　資料來源：彭博、國泰投信

起受創，因此相比於全市場型 ETF，科技產業型 ETF 的持股同漲同跌的情況將會更加明顯。再者，科技類股具備高成長的特質，向來本益比偏高，一旦修正也會比較強烈，因此科技產業型 ETF 波動程度一定會較整體市場要來得大（詳見圖２）。

就相關指數近 1 年的波動度觀察，也可以發現這個趨勢（詳見圖 3）。近 1 年來，屬於全市場型的台灣加權指數及美國 S&P 500 指數，波動度分別為 19.9%、33%，但是以科技股為主的那斯達克指數、北美科技指數及費城半導體指數波動度則分別達到 33%、35% 及 46%。

至於該如何選擇科技產業型 ETF？國泰投信 ETF 團隊基金經理人游日傑建議，投資人可以依據自己對於科技產業未來的趨勢，以及對於市場的展望前景來選擇，例如看好美國科技業發展就選擇持股以美國科技股為重的 ETF，或是對於軟體、硬體、半導體等科技次產業類別，科技題材如 5G、AI 未來發展看好，現在都有相對應的科技產業型 ETF 可投資。

若是對於科技產業趨勢、題材沒有特別的趨勢看法，而是對於整體科技產業未來長線看多，則不妨以追蹤整體科技產業指數的 ETF 入手，例如那斯達克指數、費城半導體指數、北美科技指數等。

除此之外，相較於全市場型 ETF，科技產業型 ETF 波動度本就偏高，而個別科技產業型 ETF 的波動度又會因其成分股持股數量而有所差異。當成分股數量愈多時，其波動度相較就較低；當成分股愈少，愈集中時，波動度相較之下將會更大（詳見圖 4）。

圖3 科技類股指數波動度高於全市場型指數
　　——美股相關指數報酬率變化

——費城半導體指數
——那斯達克指數
——S&P 500 指數

單位：%

2019.06　08　　10　　12　　2020.02　04　　06

註：資料統計時間為2019.06.03～2020.06.03　　資料來源：Yahoo! Finance

因此，個別 ETF 的持股檔數多寡也是投資人選擇 ETF 時可以參考的標準，多數的 ETF 持股檔數在 30 檔～ 50 檔之間，當 ETF 持股數量少於此數，波動度就有可能要放大，投資人要先有心理準備。

投資策略》3做法確立加減碼時機

至於科技產業型 ETF 的投資策略，游日傑建議「長線持有為主、短線加減碼為輔」。

他指出,這樣的策略是因為科技產業一向是歷久彌新的投資主流,引領人類生活模式的變革,長期成長趨勢明確,甚至在 2020 年的新冠病毒肺炎疫情之下,全球大規模封城,多數人要遠距辦公、甚至需要無人作業,都更加鞏固了科技產業的重要性。再者,在當前超低利率的環境之下,具有明確成長趨勢的產業,本益比多有攀升空間,也就是說,未來科技股的股價也有比較大的上漲空間。

不過,不可否認的是,科技股就是波動較大的類股,科技產業型 ETF 自然也是如此。當市場風險來臨時,高成長、高本益比的類股多半面臨較強勢的修正,若沒有適時停利,就會隨股價抱上又抱下,相當挑戰投資人的持股信心。但在投資過程中,若能將部分獲利先放口袋,面對波動投資人也能比較穩定,低檔時也才更有本錢加碼。

長期持有的策略,無論是單筆或定期定額皆可,但是對於資金沒那麼豐厚的小資族,或是想要降低風險承受度的投資人,透過定期定額的紀律投入、分散風險仍是比較好的方式。

至於加減碼時機,游日傑則提供 3 種做法:

做法 1》設定停利點

當投資報酬率已經達到設定的停利目標,例如報酬率 30%,就大

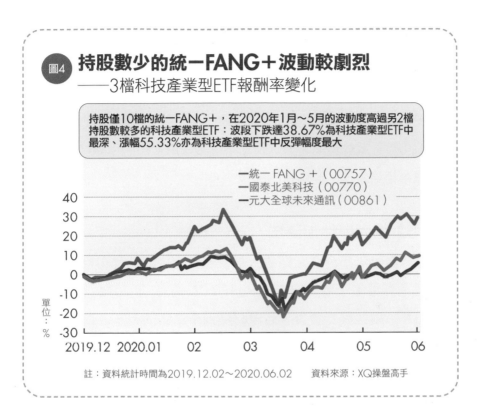

圖4 持股數少的統一FANG＋波動較劇烈
──3檔科技產業型ETF報酬率變化

持股僅10檔的統一FANG＋，在2020年1月～5月的波動度高過另2檔
持股數較多的科技產業型ETF：波段下跌達38.67%為科技產業型ETF中
最深、漲幅55.33%亦為科技產業型ETF中反彈幅度最大

──統一 FANG＋（00757）
──國泰北美科技（00770）
──元大全球未來通訊（00861）

單位：%

註：資料統計時間為2019.12.02～2020.06.02　　資料來源：XQ操盤高手

量減碼。這是因為當報酬達到停利目標時，市場多半也已經在相對
高檔位置，波動可能更加頻繁，若能先將獲利入袋，可避開後續可
能的修正。

做法 2》股價乖離長期均線達 6% 以上

游日傑指出，當股價正乖離均線達 6% 以上，代表近期市場已經

過熱，拉回可能性大增；反之，當股價負乖離均線達 6% 以上，代表 ETF 很可能超跌了，投資人則可趁機進場撿便宜，加碼布局。

至於該使用何種均線作為指標？游日傑則建議，因投資科技產業型 ETF 仍是著重於長期趨勢，因此不建議使用太短的均線作為指標，季線跟半年線會是比較適合的選擇。

做法 3》重大事件加碼法

科技產業每年都會有定期的大規模展覽會或產品發布會，例如 1 月美國消費性電子展（CES）、蘋果（Apple）新品發表會等。游日傑分析，這些展覽會後，若題材受到市場認同，多會激勵相關電子產業短期間上揚，因此可以考慮在這些時間點搶先布局。

就國泰投信的統計數據來看，過去近 10 年，每年 1 月在 CES 舉辦過後，擁有上游 5G 概念的費城半導體指數，在會後 60 天內上漲機率接近 9 成，這就是可以趁機賺的短線加碼財（詳見表 1）。

不過，游日傑也強調，這樣的方式，依靠的是短期內產品、題材發酵帶動股價上揚，因此，短期內若是獲利就該出場，甚至若產品或事件的熱度不如預期，20 天之內股價不見上揚也應該要出場，絕對不要眷戀。

表1 **費城半導體指數在CES後40日皆上漲**
——CES後10日～60日費城半導體指數漲幅變化

CES 日期	後 10 日漲幅 （%）	後 20 日漲幅 （%）	後 40 日漲幅 （%）	後 60 日漲幅 （%）
2011.01.06	1.62	9.03	5.32	1.01
2012.01.09	8.35	10.38	7.75	10.27
2013.01.08	5.75	7.72	11.07	7.04
2014.01.07	3.80	-1.70	9.02	12.99
2015.01.06	2.93	1.57	9.32	4.61
2016.01.06	-6.91	-3.72	3.08	7.00
2017.01.05	3.14	6.91	8.04	11.55
2018.01.09	2.88	-3.79	6.01	-4.33
2019.01.08	2.19	14.92	13.66	26.31

資料來源：國泰投信

生技產業型ETF》了解2項特點，避免錯誤期待

除了科技產業型 ETF，2020 年由於新冠病毒肺炎疫情擴散的關係，生技產業型 ETF 也備受投資人關注。目前國內生技相關 ETF，僅只有群益 NBI 生技（00678）1 檔。群益 NBI 生技經理人林孟迪指出，若投資人想要投資生技產業型 ETF，除了對於生技產業有興趣之外，也應該要清楚生技產業型 ETF 具有以下 2 項特點，對於

報酬率才不會有錯誤的期待：

特點 1》景氣循環週期與其他產業不同

　　生技產業的景氣循環週期跟多數產業並不相同，例如科技產業可能 2 年～ 3 年隨著新產品發表，就會啟動一輪新的景氣循環，但是生技產業中可能開發 1 個藥品或疫苗就需研究 10 年以上，故景氣循環週期會長得多，也因此生技股的走勢往往跟大盤並不一致（詳見圖 5）。

　　舉例來說，2008 年之後，美股進入大多頭，但是 NBI 生技指數卻沒有跟上，整體報酬要落後得多。而最明顯的漲勢出現在 2011年～ 2015 年之間，因美國前總統歐巴馬（Barack Obama）推出「歐巴馬健保法案」；但隨著歐巴馬下台，該法案受到新政府的反對，NBI 生技指數就又大幅滑落，一直到 2020 年因新冠病毒肺炎疫情才又上揚。

特點 2》「本夢比」行情將導致股價強烈修正

　　生技股產業中，有許多公司都處於漫長的新技術、新藥開發階段，外界會對於某些新技術、新藥給予相當高的期待，而使股價飆漲，但是這部分尚未反映在營收跟實際獲利上，此時這類股票可能會出現數百倍的本益比，或是用「本夢比」來形容。

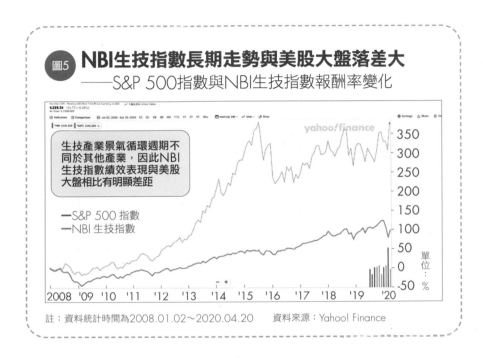

圖5 **NBI生技指數長期走勢與美股大盤落差大**
——S&P 500指數與NBI生技指數報酬率變化

生技產業景氣循環週期不
同於其他產業,因此NBI
生技指數績效表現與美股
大盤相比有明顯差距

— S&P 500 指數
— NBI 生技指數

單位:%

註:資料統計時間為2008.01.02~2020.04.20　　資料來源:Yahoo! Finance

　　然而,一旦這些臨床實驗未過,或是市場期望過高,本夢比一旦
往正常的本益比靠近,就會有一段非常猛烈的修正,然後進入較長
時間的底部期,直到下次趨勢或題材的來臨時才會再上揚。

投資策略》2步驟找到最佳買點

　　而在投資策略上,林孟迪建議,波段趨勢明顯的生技產業型基金,
相當適合運用技術指標來進行波段操作。

林孟迪指出，相對個股來說，股價容易被單獨的資金或市場力量操作，可能會有不完全反映利多或利空的狀況；但就指數化投資來說，因為 ETF 是由多家公司所組成的標的，股價就是所有訊息的綜合表現，其趨勢變動是相當可靠的依據，因此股價均線是相當適合用來判斷 NBI 生技指數趨勢的工具。實際做法可分為以下 2 步驟：

步驟 1》利用中長期均線判斷趨勢

投資人可以先利用季線觀察，當季線往上時，代表趨勢向上，此時再搭配年線觀察，若年線同樣也轉為上揚，則就確立 NBI 生技指數的趨勢轉多，可準備進場投資。

步驟 2》利用短期均線尋找進場點

確立趨勢轉多時，雖可開始準備投資，但若要尋找更甜美的進場價位，則可利用短期均線作為判斷。林孟迪指出，當中長期均線已經走揚，但股價卻跌破月線時，就代表在長期趨勢中出現的短期修正，此時將會是相當理想的進場點；反之，當趨勢開始出現轉變時，也就是季線、年線下彎時，投資人也一定要記得出場，不要再停留。

至於投資 ETF 常用的定期定額策略，適合用於生技產業型 ETF 上嗎？林孟迪表示，定期定額適合不會操作波段、可投資資金偏少的投資人。

若運用在生技產業型 ETF 上，其優點是生技產業一旦進入景氣循環週期低檔，投資人有較長的時間來累積投資單位數；但也由於其底部較長，因此，若要以定期定額來布局生技產業型 ETF 的投資人，就不應該期待可以很快就獲利，而是要做好長期抗戰的心理準備。

出借手上ETF
3-3
創造額外收入

在辛辛苦苦地累積不少 ETF（指數股票型基金）後，投資人除了可以獲得股利收入與資本利得之外，其實還有一個管道可以用手中的 ETF 創造額外的收益，而且不會影響到配息，那就是「出借 ETF ／股票」！

年利率最高20%，利率愈低愈容易出借成功

出借 ETF 或出借股票，顧名思義就是投資人將手中的 ETF 或股票等有價證券，出借給有需要的人，並且向對方收取 0.01% ～ 20% 不等的年利率，由出借人與借券人之間共同訂定，費率設定得愈低，愈能出借成功。

一般來說，市場成交的借券約定年利率多半在 1% ～ 4% 之間，依據 ETF 或股票的需求，以及籌碼在外流通程度（稀有度）而定。

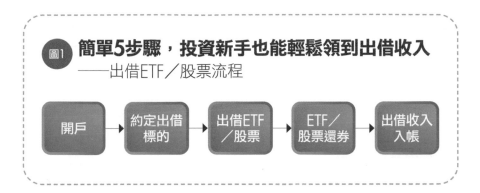

圖1 **簡單5步驟，投資新手也能輕鬆領到出借收入**
——出借ETF／股票流程

開戶 → 約定出借標的 → 出借ETF／股票 → ETF／股票還券 → 出借收入入帳

而出借人仍然能保留領取股利、新股認購等權利，形成利息／配息雙收的收益管道。

　常見的借券人為「欲將 ETF ／股票出售的投資人」，他們多半是將 ETF ／股票借來後進行做空，也有部分投資人是為了股票的現金增資套利而借入，另外則是融券後需要強制回補，因而由融券轉成借券來做空。一般來說，借券人的目的通常為上述 3 種。而 ETF 的借券通常是為了做空，借券人多半為具有規模的機構投資者。

　有些投資人會擔心，出借 ETF 或出借股票後，由於有價證券不在帳戶內，因此會出現「賺了利息，卻領不到股利」的情況。對此，長期持有 ETF ／股票的投資人可以不必擔心，因為出借有價證券後有以下 2 項機制（詳見圖 2），讓投資人不會錯過 ETF ／股票的配息：

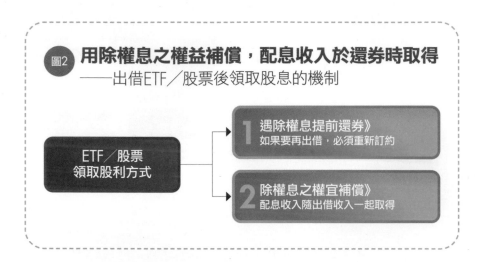

圖2　用除權息之權益補償，配息收入於還券時取得
——出借ETF／股票後領取股息的機制

ETF／股票
領取股利方式

1 遇除權息提前還券》
如果要再出借，必須重新訂約

2 除權息之權宜補償》
配息收入隨出借收入一起取得

機制 1》遇除權息提前還券

　　出借人只要在定約時選擇「遇除權息提前還券」，之後只要 ETF 或股票遇到除權息，出借的 ETF 或股票就會回到出借人的證券帳戶中，不怕會錯過除權息行情。

　　不過，出借人要注意的是，領到配息後，如果想要再次出借 ETF ／股票，就必須要重新訂約，流程比較繁瑣，因此，多數出借人會選擇第 2 種機制。

機制 2》除權息之權宜補償

　　如果選擇機制 2，雖然借券人不必提前還券，而且出借人也拿不

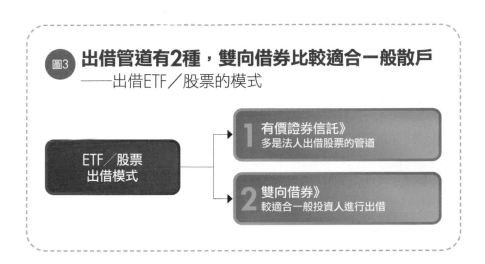

圖3 **出借管道有2種，雙向借券比較適合一般散戶**
——出借ETF／股票的模式

ETF／股票
出借模式

1 有價證券信託》
多是法人出借股票的管道

2 雙向借券》
較適合一般投資人進行出借

到 ETF 或股票的配息，但是，借券人需要補償對應的金額。因為出借人並沒有拿回 ETF 或股票，所以當然拿不到 ETF 或股票的配息。不過，借券人日後在歸還 ETF 或股票，以及支付借券利息時，還需要補償在出借期間內，出借人所損失的配息收益。舉例來說，如果出借人原本可以拿到 2 元股利，還券時就可以領回 2 元的股利。

在現行法規下，出借ETF／股票有2種模式

出借 ETF 或出借股票是由出借人和借券人相互約定借券利率和借券時間，而在現行交易實務和法規下，又可以分成下列 2 種模式（詳見圖 3）：

模式 1》有價證券信託

　　有價證券信託是以信託的方式將股票透過「證交所平台」進行出借，這種方式的門檻較高，金額必須達百萬元，或出借張數得達一定標準才能進行，不適合資金較小的一般投資人，大部分是法人出借有價證券的管道。

模式 2》雙向借券

　　為了讓散戶也有出借有價證券的機會，證交所開放了「雙向借券」的平台，這種方式的門檻較低，有些券商甚至只要 1 張 ETF 或股票就能申請出借，在使用上亦較為便利，券商可以向欲出借 ETF ／股票的投資人借入標的，再出借給有需要的投資人。因為是在券商內部的平台進行雙向借券，所以愈大型的券商，其券源愈龐大，完成雙向借券的機率也愈高。

　　值得注意的是，「雙向借券」時，出借人可以隨時召回所出借的 ETF ／股票，而出借標的後，借貸雙方均可以要求還券或提前還券。出借人要求還券時，應該遵循原本出借條件，於前 1 個、前 3 個或前 10 個營業日前提出，而每次出借期間最長為 6 個月，可以延展 2 次，因此，每次借券最長的時間為 18 個月。此外，雙向借券的風險比較低，由於有券商平台作為中介，因此比較不會有違約的風險。

圖4 持股滿10%的大股東，無法出借ETF／股票
——出借人的資格、所需文件與限制

資格與所需文件：
◎開戶滿3個月
◎備妥國民身分證、第二證件、原留印鑑

+

限制：
◎非公開發行公司之董監事
◎法人董監事代表人
◎持股10%之大股東及其配偶與未成年子女
◎公司員工及其未成年子女

在了解了什麼是借券，借券的需求者和規則後，接著讓我們來認識要成為出借人需要有什麼資格，又應該要怎麼進行。

投資人只要開戶滿3個月，就能申請雙向借券

只要投資人開戶滿 3 個月，而且不具備公司董監事、法人董監事之代表人、持股 10% 大股東及其配偶與未成年子女、員工及其未成年子女等身分者，即能開通「雙向借券」，並且進行出借 ETF 或股票。

想要出借 ETF 或出借股票的投資人，可以在備妥相關文件（國民身分證、第二證件與原留印鑑）後向現貨標的（ETF、股票）的所屬

券商提出申請，申請時必須簽署「出借開戶書」，並且勾選「申請出借」，即可開始進行 ETF 和股票的出借，並且收取利息（詳見圖解教學）。

最後，則是投資人們最關心的問題，那就是每次出借後，能從中獲得多少的利息收入呢？假設小智持有元大台灣 50（0050）共 100 張，以 3.5% 的費率進行出借，出借天數為 30 天，出借期間元大台灣 50 的股價為 90 元，而小明透過雙向借券出借 ETF 的總收入如下：

出借股數 × 收盤價 × 費率 ×（出借日數 ÷365）＝出借收入

10 萬股 ×90 元 ×3.5%×（30 天 ÷365 天）＝ 2 萬 5,890 元

出借收入 ×20% ＝券商手續費

2 萬 5,890 元 ×20% ＝ 5,178 元

> 每間券商費用不同，多為20%，可議約

出借收入 ×10% ＝代扣所得稅

2 萬 5,890 元 ×10% ＝ 2,589 元

> 隔年報稅時可以扣抵，出借收入超過2萬元，由券商代扣

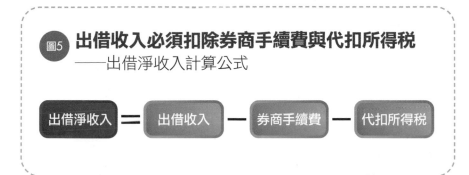

圖5 **出借收入必須扣除券商手續費與代扣所得稅**
——出借淨收入計算公式

出借淨收入 ＝ 出借收入 － 券商手續費 － 代扣所得稅

出借收入－券商手續費－代扣所得稅＝出借淨收入

2 萬 5,890 元－ 5,178 元－ 2,589 元＝ 18,123 元

在這邊提供大家一個快速計算的小技巧，在所得稅未扣抵前，雙向借券的券商手續費和代扣所得稅總共為 30%，投資人只要將出借收入乘以 70%（100% － 30%），即能快速得到大概的出借收入。

至於利息的領取方式，一般券商是以每個月支付一次為主，也有部分券商提供較即時的支付方式，例如月中全部還券，則還券次日可以收到利息收入。長期持有者，不妨試著透過券商的「雙向借券」平台，出借 ETF ／股票以收取利息，雖然市場不一定會有需求，但是仍然能試著活化 ETF ／股票資產，增加報酬。

圖解教學　使用券商App執行出借ETF／股票

STEP 1

此處以富邦證券的「富邦e點通」為例，示範如何使用手機App進行ETF／股票出借。進入券商的App後，點選❶「股票出借」。進入選單後，按下❷「證券－出借申請」。

STEP 2

進入下個頁面後，畫面會顯示可以出借的標的，在欲出借的ETF上點選❶「送出」，以進入個股出借的頁面。

STEP 3 接著，在❶「出借張數」填入欲出借的張數、在❷「出借費率」填入欲出借的費率、在❸「有效日期」選擇出借申請的有效時間，一旦超過有效日期，就必須重新申請；最後再按下❹「送出」。

12:30	證券-出借申請	₁₁ 4G

重新查詢　說明

出借股票	富邦台50(006208)
庫存張數	1

申請出借股票資訊

❶	出借張數	1
❷	出借費率%【註一】	0.64

提前還券約定【註二】

股東會(含臨時股東會)	○是 ●否
除權除息	○是 ●否
現金增資	○是 ●否

申請書效期【註三】

起始日期	2020/05/28
❸ 有效日期	2020/11/23 ▼
有效期內多次出借	●是 ○否

❹ 送出

STEP 4 進入再次確認畫面後，若資訊無誤，按下❶「確定送出」即可完成登記。

12:34	證券-出借申請	₁₁ 4G

重新查詢　說明

出借股票	富邦台50(006208)
出借張數	1
出借費率%	0.64
申請書效期	2020/05/28~2020/11/23
有效期內多次出借	是

提前還券約定

現金增資	否

特別提醒

出借前請確認非山借股票公司(公開發行公司)之董事、監察人、經理人及持有公司股份超過百分之十之股東(包括其配偶、未成年子女、利用他人名義持有及交付信託之股票)。

❶ 確定送出

資料來源：富邦 e 點通

Chapter
4

認識債券ETF

主權債ETF》由政府發行 風險低又能穩定領息

看完股票型 ETF 的介紹之後,接著來看一下近幾年增長迅速的債券型 ETF。根據證券櫃檯買賣中心(簡稱櫃買中心)的定義,債券型 ETF 是「以股票方式交易,獲取債券標的指數報酬的基金」。也就是說,當投資人買進 1 張債券型 ETF 時,就等於買進標的指數的一籃子成分債券。

依照投資標的不同,債券型ETF又能細分成3種

截至 2020 年 5 月 28 日為止,在台灣掛牌的債券型 ETF 總共有 107 檔,其中有 97 檔是在櫃買中心掛牌(查詢方式詳見圖解教學❶),只有 10 檔是在台灣證券交易所(簡稱證交所)掛牌。由於在證交所掛牌的債券型 ETF 比較少,占比不到 10%,而且其中僅有 4 檔債券型 ETF 有配息(詳見表 1),因此本文皆以在櫃買中心掛牌的債券型 ETF 為主。

表1

在證交所掛牌的10檔債券型ETF，僅4檔有配息
——在證交所掛牌的債券型ETF

ETF 名稱（代號）	上市日期	收盤價（元）	規模（億元）	管理費（%）	保管費（%）	配息
元大美債 20 正 2（00680L）	2017.01.17	31.52	1.20	0.75	0.21	無
元大美債 20 反 1（00681R）	2017.01.17	12.85	1.07	0.75	0.16	無
國泰 20 年美債正 2（00688L）	2017.04.13	32.22	1.91	0.65	0.16	無
國泰 20 年美債反 1（00689R）	2017.04.13	13.17	1.27	0.65	0.16	無
FH 彭博高收益債（00710B）	2017.08.21	18.68	101.44	0.26	0.06	季配
FH 彭博新興債（00711B）	2017.08.21	21.76	126.42	0.35	0.10	季配
國泰 RMB 短期報酬（00732）	2018.05.14	37.79	22.56	0.25	0.08	無
新光中國政金綠債（00774B）	2019.02.27	39.10	232.96	0.25	0.12	半年配
新光投等債 15+（00775B）	2019.02.15	45.80	19.70	0.40	0.16	季配
國泰 US 短期公債（00865B）	2019.11.25	39.66	5.21	0.10	0.04	無

註：1.上述 ETF 的股價皆無漲跌幅限制；2.管理費和保管費隨基金規模不同會有調整，詳情可上證交所網站查詢；3.規模的統計時間為 2020.04.30，其餘資料的統計時間為 2020.05.28；4.國泰 RMB 短期報酬不適用免徵證券交易稅規定

資料來源：證交所

基本上，債券型 ETF 依照投資標的不同又可以再細分成主權債 ETF、公司債 ETF 和產業債 ETF。下面我們先來介紹主權債 ETF，至於公司債 ETF 和產業債 ETF 留到後面章節再來介紹。

我們先來看什麼是主權債？所謂的主權債是指政府財政部門或其他代理機構為了籌集資金，以一國之力作為擔保所發行的債券，主要包括「國庫券」和「公債」2 種。前者是由財政部發行，用以彌補財政收支不平衡；後者是為了籌集建設資金所發行的一種債券。

公債依照發行機構的不同又能分成 2 類：1. 如果是由中央政府所發行，用來籌措中央政策所需要的費用，稱為國家公債（又稱中央主權債）；2. 如果是由地方政府所發行，用來籌措各地方政府各種專案或建設的費用，例如：橋梁工程、學校興建、醫院興建、一般性業務等，則稱為市政債（又稱地方公債或地方主權債）。

由於地方政府的財政收入會比中央政府少，因此，市政債的流動性通常會比國家公債的流動性差。目前市場上以美國市政債較具流通性（詳見圖 1）。

另外還有一種由政府控制的機構，或國營企業所發行的債券，稱之為「類主權債」，例如：中國的政策性金融債，就是以中國國家

國家公債可弭平財政赤字，流通性優於市政債
——國家公債vs.市政債

國家公債	市政債
由各國的中央政府所發行，可用來籌集軍需與軍餉，或是當政府財政收支不平衡時用來解決赤字，或是為了實施某種特殊政策而發行的公債	由各國的地方政府所發行，可用來籌措各地的各種專案或建設的費用。目前市場上以美國市政債較具流通性

開發銀行、中國農業發展銀行和中國進出口銀行 3 家國營機構所發行的債券為主。

實務上，台灣主權債 ETF 的投資標的，除了主權債和類主權債之外，尚有一種「綜合債」。綜合債的投資標的是以主權債與類主權債為主，再搭配一些公司債。例如：國泰 5Y+ 新興債（00726B）的投資標的為政府公債 52.52%、原物料 17.24%、能源 13.71%、工業 5.49%、公用事業 5.1%、金融 1.76%、通訊1.05%、現金 3.13%（統計時間為 2020.04.30）。

就目前有在台灣櫃買中心掛牌的 41 檔主權債 ETF 來看，其所追

表2 **台灣主權債ETF多半追蹤美國公債，共有21檔**
——台灣主權債ETF追蹤標的

追蹤標的	檔數（檔）	舉例
美國公債	21	元大美債 20 年（00679B）、中信美國公債 20 年（00795B）、中信美國市政債（00847B）等
中國政策金融債	12	國泰中國政金債 5+（00744B）、富邦中國政策債（00718B）等
新興市場主權債及類主權債	5	群益 15 年 EM 主權債（00756B）、中信 EM 主權債 0-5（00849B）等
綜合債	3	FH 美元信用債 1-5Y（00791B）、國泰 5Y+ 新興債（00726B）、中信新興亞洲債（00848B）

註：1. 美國公債中包含 1 檔美國市政債 ETF；2. 統計時間為 2020.05.28
資料來源：櫃買中心

蹤的標的都以海外債券為主，其中又以美國公債最多，有 21 檔（包含 1 檔美國市政債 ETF）；其次為投資中國政策金融債的類主權債 ETF，共有 12 檔；投資新興市場的主權債 ETF 與類主權債 ETF，共有 5 檔；投資綜合債的則有 3 檔（詳見表 2）。

長天期債券的到期殖利率比短天期債券來得高

主權債除了債券的發行機構不同之外，發行期限亦有不同。以台

表3				
元大美債20年平均到期殖利率高達1.37%				
——債券殖利率與風險				

ETF 名稱	近 1 年價格區間（元）	近 1 年收益分配（元）	平均到期殖利率（%）	風險
元大美債 1-3（00719B）	31.42 ～ 33.27	0.38	0.20	低
元大美債 7-10（00697B）	40.88 ～ 45.42	0.77	0.61	中
元大美債 20 年（00679B）	40.35 ～ 54.43	0.92	1.37	高

註：統計時間為 2020.05.28　　資料來源：元大投信、XQ 全球贏家

灣現有的主權債 ETF 來看，美國公債的發行期限主要為 1 ～ 3 年期、7 ～ 10 年期，以及 20 年期以上。以中國政策金融債為例，其發行期限相對較短，多在 10 年期以內，而新興市場主權債與類主權債，發行期限多在 10 年期以上。

發行期限不同對債券有何影響呢？主要表現在平均到期殖利率上。基本上，長天期債券的平均到期殖利率會比短天期債券高（詳見表 3）。因為長天期的債券距離到期日太遙遠，期間可能會發生各種問題，例如：股災等，使得長天期的債券價格波動較為劇烈。由於長天期債券的風險較大，債券發行人可能無法正常還款給債券

持有人，因此必須用較高的利息吸引投資人。也就是說，長天期債券無論是利息、價格波動程度或風險，都會比短天期債券來得高。

了解債券型ETF的3大風險，評估適合標的

介紹完主權債的相關概念後，接著來看它們會面臨到哪些風險。一般而言，只要是債券，就會面臨利率風險、信用風險和匯率風險等 3 種風險。由於債券型 ETF 是投資一籃子的債券，因此同樣也會遇到上述風險。

風險 1》利率風險

利率風險是指利率的升降導致債券價格與收益率發生變動的風險。通常利率上升時，債券的價格就會下跌；利率下降時，債券的價格就會上升。

之所以有如此變化是因為，當利率上升時，其他投資標的，例如股票，其報酬率通常會比債券來得好，市場上的資金會被吸引到股市，若此時債券持有人想要出脫手中的債券，勢必得降價才能吸引到下一個人接手；當利率下降時，債券可以穩定配息的優勢，就會開始吸引市場資金湧入，在需求大於供給的情況下，價格自然會被拉高。

　　至於價格波動的程度，則會受到債券距離到期日長短的影響。前
面有提到，長天期的債券，其價格波動度會比較大，因此，當利率
變動時，長天期債券的價格變動度也會比較大。也就是說，債券距
離到期時間愈長，其所面臨的利率風險就愈大。

風險 2》信用風險

　　信用風險（又稱違約風險）是指發行機構在債券到期時，發行機
構無法償付利息或本金的風險。就主權債而言，由於其發行機構為
各國政府或國營企業，違約或倒閉的機率較低，因此信用風險與公
司債、產業債相比，也相對較低。然而，不同政府之間，亦有風險
程度的區別。

　　以美國政府來說，由於美國是世界最強的經濟體，出現主權違約
（指一國政府無法按時對其向外擔保借來的債務還本付息）的機率
極低，投資人對其信心十足，因此其所發行的公債，信用風險極低。

　　相對地，新興國家的政府（包含中國），囿於國家政權、經濟、
戰亂等問題，主權違約的機率較高，因此其所發行的公債，信用風
險較高（詳見表1）。因此，投資人在挑選新興市場主權債 ETF 時，
需要確認其所追蹤的標的是否為經濟情況良好的新興市場國家（查
詢方式詳見圖解教學❷）。

表4 受新冠肺炎影響，新興國家主權債近來頻違約
──近期新興市場主權債違約案例

日期	案例
2020.03.07	黎巴嫩政府宣布無力償還 3 月 9 日到期的 12 億歐元債券
2020.03.23	厄瓜多財庫見底，宣布延後支付 2 億美元的公債票息
2020.05.22	阿根廷政府宣布，將與國際債權人就重組 660 億美元的債務進行談判，從 5 月 22 日再次延長至 6 月 2 日，這是阿根廷政府第 9 次債務違約

　　然而，凡事都有一體兩面，雖然新興市場主權債的信用風險比美國公債還高，但是，它的配息率也比較誘人。以凱基新興債 10+（00749B）為例，近 1 季配息率為 1.01%，就比元大美債 7-10（00697B）的 0.32% 來得高。

風險 3》匯率風險

　　匯率風險指投資以非本國貨幣計價的海外債券時，一旦本國的貨幣貶值，在匯兌回本國貨幣或其他貨幣時，將造成匯率損失的風險。

　　攤開每檔在櫃買中心掛牌的主權債 ETF 的基金月報來看，會發現其所追蹤的海外債券大多是以美元計價，不過，由於台灣目前只能

表5	**美國公債ETF的信用風險和匯率風險都偏低** ──債券ETF風險比較				
債券 ETF 種類		利率風險	信用風險	匯率風險	配息
美國公債 ETF	1～3 年	低	低	低	較低
	7～10 年	中	低	低	
	20 年以上	高	低	低	
新興市場主權債及類主權債 ETF（美元計價）		中	中	低	較高

資料來源：元大投信

使用新台幣投資債券型 ETF，因此，無論買哪 1 檔主權債 ETF，都會面臨匯率風險，投資人不必過度糾結。

綜觀上述，美國公債 ETF 的信用風險和匯率風險都很低，主要是受到利率風險的影響，其中短天期債券的利率風險較低；長天期債券的利率風險較高。至於新興市場主權債 ETF 與類主權債 ETF（美元計價），兩者的利率風險和信用風險都較高，不過，因為其所持有的債券同樣以美元計價，所以，匯率風險同樣很低（詳見表 5）。

那麼投資人應該如何挑選適合自己的主權債 ETF 呢？可以從 ETF 的投資標的、上櫃時間、規模、成交量、管理費、保管費、收益分

群益25年美債年平均報酬率高達27.14%

ETF 種類	年期	ETF 名稱	上櫃時間	規模 （億元）	日成交量 （張）	
美國公債 ETF	短年期	元大美債 1-3 （00719B）	2018.02.01	193.56	177	
		富邦美債 1-3 （00694B）	2017.06.08	79.63	358	
		新光美債 1-3 （00831B）	2019.04.26	42.56	50	
	中年期	富邦美債 7-10 （00695B）	2017.06.08	3.86	307	
		元大美債 7-10 （00697B）	2017.06.23	2.55	162	
	長年期	元大美債 20 年 （00679B）	2017.01.17	237.57	873	
		富邦美債 20 年 （00696B）	2017.06.08	148.03	415	
		群益 25 年美債 （00764B）	2018.12.24	97.58	108	
新興市場主權債 ETF 與類主權債 ETF		國泰中國政金債 5+（00744B）	2018.08.03	435.54	124	
		群益 15 年 EM 主 權債（00756B）	2018.10.22	416.25	121	
		中信 EM 主權債 0-5（00849B）	2019.07.30	269.33	211	

註：1. 上述 ETF 的股價皆無漲跌幅限制；
　　2. 管理費和保管費隨基金規模不同會有調整，詳情可上櫃買中心查詢；
　　3. 規模的統計時間為 2020.04.30，其餘資料的統計時間為 2020.05.28；
　　4. 收益分配除了國泰中國政金債 5+（00744B）是採半年配之外，其他都是季配；

——各類主權債ETF規模前2～3名

	市價 （元）	管理費 （%）	保管費 （%）	近 1 年收益分配 （元）	年平均報酬率 （%）
	32.42	0.07	0.06	0.380	-0.63
	40.73	0.07	0.06	0.723	-0.83
	40.00	0.08	0.07	0.497	-1.03
	42.43	0.20	0.17	0.821	9.63
	44.98	0.20	0.17	0.770	9.41
	49.69	0.14	0.06	0.920	23.53
	52.05	0.12	0.07	1.355	23.69
	52.65	0.12	0.08	1.318	27.14
	41.30	0.30	0.12	1.020	0.34
	48.70	0.25	0.06	1.884	12.40
	39.20	0.26	0.08	0.638	0.04

5. 新光美債 1-3 從 2019 年 9 月開始配息；
6. 中信 EM 主權債 0-5 上櫃時間未滿 1 年，因此其年平均報酬率為近 6 個月的報酬率，而且從 2020 年 1 月才開始配息
資料來源：櫃買中心、各投信公司基金月報、MoneyDJ、XQ 全球贏家

配等各方面做比較。如果是追求平穩報酬的投資人,可以美國公債 ETF 為主;如果是希望報酬率稍高一點的投資人,可以投資新興市場主權債 ETF 與類主權債 ETF。此外,ETF 的上櫃時間愈久愈好,代表隨著市場波動生存下來的 ETF,穩定度較佳。

　　至於規模、成交量和收益分配等方面,也是愈大愈好。只要 ETF 規模夠大,就比較不容易被清算;日成交量夠高,就比較不容易發生流動性風險;反之,管理費和保管費則是愈低愈好(詳見表 6)。

圖解教學❶ 查詢債券型ETF的商品資訊

STEP 1

登入櫃買中心首頁（www.tpex.org.tw），點選❶「ETF」→❷「債券成分ETF」→❸「商品資訊」。

STEP 2

進入下一個頁面後就能看到各檔債券型ETF的證券代號、ETF簡稱和上櫃日期，若想要了解更多，可以點選右方詳細資訊下方的連結。此處以凱基美債1-3（00872B）為例，點選❶「連結」，進到商品資訊頁面後，即能看到凱基美債1-3的❷商品規格、交易資訊、申購買回清單PCF、ETF重大訊息、ETF基金資訊和標的指數資訊。

證券代號	ETF簡稱	上櫃日期	詳細資訊
00871B	元大中國政金債	109/02/14	連結
00874B	凱基BBB公司債15+	109/01/09	連結
00873B	凱基新興債1-5	109/01/09	連結
00872B	凱基美債1-3	109/01/09	❶ 連結
00870B	元大15年EM主權債	109/01/09	連結
00869B	FT10-25年公司債	108/12/13	連結
00868B	FT1-3年美公債	108/12/13	連結

接續
下頁

資料來源：櫃買中心

圖解教學❷　查詢債券型ETF的國家配置

登入凱基投信首頁（www.kgifund.com.tw/Index.aspx），依序點選 ❶「ETF專區」、❷「ETF資訊總覽」。

STEP 2

頁面跳轉後將頁面下拉，點選想要查詢的ETF，此處以凱基全球息收ETF傘型基金下方的❶「凱基新興債10+」為例。

凱基精選美元債券ETF傘型基金

月份 ❶ ❹ ❼ ❿

- 凱基IG精選15+
- 凱基醫療保健債
- 凱基AAA-AA公司債

凱基全球息收ETF傘型基金

月份 ❶ ❼

- 凱基中國債3-10

凱基多元收益ETF傘型基金

月份 ❷ ❺ ❽ ⓫

- 凱基AAA至A公司債
- 凱基金融債20+
- 凱基美債25+

凱基全方位收益ETF傘型基金

月份 ❷ ❺ ❽ ⓫

- 凱基美債1-3
- 凱基新興債1-5
- 凱基BBB公司債15+

凱基全球息收ETF傘型基金

月份 ❸ ❻ ❾ ⓬

❶ ‣凱基新興債10+
- 凱基科技債10+

資料來源：凱基投信
*指定月份之最後日曆日
**凱基3至10年期中國政策金融債券ETF基金評價日為每年1月和7月。
經理公司應按可分配收益之情形，自行決定應分配之金額或不分配，未分配之可分配收益，得累積併入次期可分配收益。相關作業日期以基金公司通新公告為

STEP 3

頁面再次跳轉後，依序點選❶「檔案下載」、❷「投資月報」，即可下載檔案。

凱基投信 KGI SITE　聯絡我們 facebook LINE

| ETF專區 | 基金資訊 | 即時預估淨值 | 追蹤差距 | 歷史配息 | 投資攻略 |

請選擇所要瀏覽的基金　凱基10年期以上新興市場BBB美元主權債及類主權債券ETF基金 ∨

凱基全球息收ETF傘型基金之
凱基10年期以上新興市場BBB美元主權債及類主權債券ETF基金

❶

| 基金介紹 | 交易須知 | 基金持股 | 淨值與市價查詢 | 即時預估淨值 | 追蹤差距 | 收益分配 | 申購買回清單 | 公告事項 | 檔案下載 |

❷
投資月報　公開說明書　簡式公開說明書

接續
下頁

STEP 4

點開投資月報後，在下方的❶「國家配置」即可看到該檔ETF投資了哪些國家的主權債。從圖中可以看出，凱基新興債10+的投資國家分別為俄羅斯14.85%、墨西哥14.28%、印尼14.04%、哥倫比亞12.95%、菲律賓8.7%、巴拿馬7.54%、烏拉圭7.35%、祕魯6.93%、哈薩克4.85%、阿拉伯聯合大公國2.12%等。

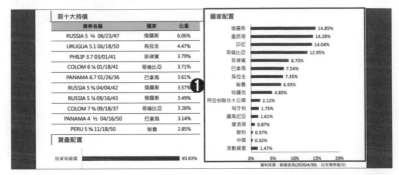

資料來源：凱基投信

圖解教學❸　查詢債券型ETF的每日成交行情

STEP 1

登入證券櫃檯買賣中心網站首頁（www.tpex.org.tw），依序點選❶「ETF」、❷「當日行情表」。

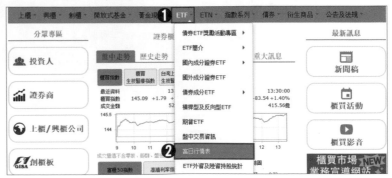

STEP
2
頁面跳轉後即可看到債券型ETF的❶收盤價、漲跌幅、開盤價、最高價、最低價、成交股數、成交金額、成交筆數等資訊。

證券櫃檯買賣中心 Taipei Exchange 　上櫃股票每日收盤行情(不含定價)

請選擇類股：上櫃指數股票型基金(ETF) ▼　資料日期：109/05/21

❶

代號 ▲	名稱	收盤	漲跌	開盤	最高	最低	成交股數	成交金額(元)	成交筆數	最後買價	最後買量(千股)	最佳賣價
006201	元大富櫃50	13.39	+0.20	13.24	13.40	13.24	67,000	895,490	32	13.37	25	13.39
00679B	元大美債20年	50.25	+0.32	49.99	50.30	49.99	442,000	22,147,150	77	50.15	10	50.25
00687B	國泰20年美債	52.70	+0.35	52.40	52.70	52.40	107,000	5,638,600	8	52.65	22	52.70
00694B	富邦美債1-3	40.58	-0.03	40.54	40.58	40.54	303,000	12,292,690	5	40.57	1	40.58
00695B	富邦美債7-10	42.28	+0.02	42.27	42.28	42.27	301,000	12,726,270	3	42.26	15	42.30
00696B	富邦美債20年	52.70	+0.40	52.45	52.70	52.45	411,000	21,619,230	5	52.50	65	52.70
00697B	元大美債7-10	44.87	+0.09	44.85	44.90	44.84	1,171,000	52,532,230	25	44.85	13	44.87

資料來源：櫃買中心

公司債ETF》留意信評

4-2

高殖利率伴隨高風險

4-1 我們提到過，主權債 ETF 所持有的標的是「主權債」，其發行機構為政府或國營企業。與之相對的，就是由企業所發行的「公司債」，而這也是本節要介紹的重點——公司債 ETF 所持有的標的。

就公司債 ETF 而言，主要又可以分為投資等級債 ETF、高收益債券 ETF（簡稱高收債 ETF，又稱為非投資等級債 ETF、垃圾債 ETF）和新興市場公司債 ETF。其中投資等級債 ETF 和高收債 ETF 的投資地區，多以美國和歐洲地區為主。

3大信用評等公司：標準普爾、穆迪和惠譽國際

在介紹投資等級債、高收債之前，投資人必須先了解什麼是「信用評等」。信用評等是指信用狀況或償債能力之評等，其目的是顯示受評對象的信貸違約風險的大小。國際上較知名的信用評等公司

表1　AAA和Aaa等級的債券，代表企業信用最高
—— 信用評等分級方式

類別		標準普爾、惠譽國際	穆迪	代表涵義
投資等級債ETF	高等級	AAA	Aaa	企業信用最高
		AA（含 AA+／AA／AA-）	Aa（含 Aa1／Aa2／Aa3）	企業信用極高
	中等級	A（含 A+／A／A-）	A（含 A1／A2／A3）	企業信用良好
		BBB（含 BBB+／BBB／BBB-）	Baa（含 Baa1／Baa2／Baa3）	企業信用一般，具備基本支付能力
高收益債ETF	低等級	BB（含 BB+／BB／BB-）	Ba（含 Ba1／Ba2／Ba3）	企業信用欠佳，支付能力不穩定
		B（含 B+／B／B-）	B（含 B1／B2／B3）	企業信用差，近期內支付能力不穩定
		CCC（含 CCC+／CCC／CCC-）	Caa（含 Caa1／Caa2／Caa3）	企業信用很差，可能違約
	極低等級	CC	Ca	企業信用極差，償債能力極低
		C	C	企業無信用，無償債能力，違約在即

資料來源：標準普爾、穆迪、惠譽國際

有 3 家（詳見表 1），分別為標準普爾（Standard & Poor's）、穆迪（Moody's）和惠譽國際（Fitch Ratings）。標準普爾和惠譽國際的信用評等的分級方式大致相同，由高至低分為 AAA、AA、A、

BBB、BB、B、CCC、CC 和 C，其中 AA ～ CCC 的每個等級又可以再細分為「＋」、「無標記」和「－」3 種等級。就這兩家信評公司而言，信用評等在 BBB-（含）以上的債券，稱為投資等級債；信用評等在 BB+（含）以下的債券，則稱為高收益債。

而穆迪的信用評等的分級方式則與前兩者略有不同，它是將信用評等由高至低分為 Aaa、Aa、A、Baa、Ba、B、Caa、Ca 與 C。其中 Aa ～ Caa 的每個等級又能再分為「1」、「2」和「3」3 種等級。就穆迪而言，信用評等在 Baa3（含）以上的債券，稱為投資等級債；信用評等在 Ba1（含）以下的債券，則稱為高收益債。

就現有資料來看，截至 2020 年 5 月為止，在證券櫃檯買賣中心（簡稱櫃買中心）掛牌的公司債 ETF 共 26 檔，其所追蹤的標的都以海外債券為主，而且又以投資等級債 ETF 的檔數最多，共 19 檔；其次為新興市場公司債 ETF，共 5 檔，其所持有的標的都是以新興市場投資等級債為主；再其次為高收債 ETF，僅 2 檔（詳見表 2）。

就規模而言，投資等級債 ETF 最大，前 2 名的規模皆在 700 億元以上；新興市場公司債 ETF 次之，前 2 名規模分別為 156 億 5,300 萬元和 19 億 4,500 萬元；高收債 ETF 最小，前 2 名規模分別為 70 億 900 萬元和 6 億 5,200 萬元（詳見表 3）。

表2	公司債ETF以投資等級債ETF為主，共有19檔 ——公司債ETF分類		
公司債 ETF 種類	檔數	舉例	
投資等級債 ETF	19	中信高評級公司債（00772B）、元大 AAA 至 A 公司債（00751B）、國泰 A 級公司債（00761B）等	
新興市場公司債 ETF	5	富邦中國投等債（00784B）、FH 新興企業債（00760B）、富邦新興投等債（00845B）等	
高收債 ETF	2	國泰 1-5Y 高收債（00727B）和富邦全球高收債（00741B）	

註：統計時間為 2020.05.29　　資料來源：櫃買中心

4-1 中有提到，只要是債券，都會面臨利率風險、信用風險和匯率風險，而公司債 ETF 是持有一籃子的公司債，因此同樣會面臨這 3 種風險。不過，與主權債 ETF 側重於利率風險不同，公司債 ETF 較側重於信用風險。

先來看利率風險和匯率風險。就利率風險而言，公司債 ETF 和主權債 ETF 相同，當利率上升時，債券價格會下跌；當利率下跌時，債券價格會上升。不過，主權債 ETF 會再依債券發行期限做進一步細分，而公司債 ETF 則多無此做法。

表3 中信高評級公司債的年平均報酬率達14.69%

ETF 種類	ETF 名稱	國家配置	持債信評分布	
投資等級債ETF	中信高評級公司債（00772B）	美國81.52%、比利時4.66%、荷蘭4.38% 等	AAA 等級 8.42%、AA 等級 21.96%、A 等級 60.85%、BBB 等級7.57%、現金1.21%	
	元大AAA至A公司債（00751B）	美國86.52%、荷蘭4.74%、澳洲2.84% 等	AAA 等級 6.27%、AA 等級 29.28%、A 等級 62.49%、其他1.96%	
新興市場公司債ETF	FH新興企業債（00760B）	巴西15.5%、墨西哥14.6%、印尼14.57% 等	A 級 33.11%、BBB 級 65.18%	
	富邦新興投等債（00845B）	印尼 9.78%、墨西哥9.51%、印度9.47% 等	AA 級 3%、Aa3 級 0.6%、A1 級 1.33%、A2 級 4.02%、A 級 3.21%、A- 級 6.5%、Baa1 級 3.22%、BBB+ 級 22.85%、Baa2 級 5.02%、Baa3 級 1.84%、BBB 級 21.39%、BBB- 級 23.92%、其他資產 3.1%	
高收債ETF	國泰1-5Y高收債（00727B）	美國88.17%、加拿大4.03%、英國1.48% 等	BBB 級 12.92%、BB 級 60.16%、B 級 17.33%、CCC 級6.51%	
	富邦全球高收債（00741B）	美國87.96%、加拿大4.06%、英國2.78% 等	BB 級 32.7%、B 級 16.96%、BB+ 級 11.97%、B+ 級 10.13%、BBB- 級 8.4%、BB- 級 7.88%、B- 級 4.01%、Ba3 級 2.08%、CCC+ 級 1.96%、Ba2 級 0.55%、Ba1 級 0.5%、CCC- 級 0.49%、其他資產 2.37%	

註：1. 規模統計時間為 2020.04.30、其餘資料統計時間為 2020.05.29；
　　2. 中信高評級公司債從 2020 年 3 月起，由季配改為月配；

——各類公司債ETF規模前2名

規模 （億元）	日成交量 （張）	市價 （元）	管理費 （%）	保管費 （%）	近1年收 益分配	年平均報酬 率（%）
749.05	635	48.19	0.20	0.08	1.582	14.69
708.45	1,275	48.70	0.18	0.06	1.735	14.68
156.53	135	65.30	0.35	0.08	2.999	3.56
19.45	212	37.48	0.40	0.16	1.147	-4.92
70.09	118	39.00	0.35	0.10	1.950	-7.46
6.52	278	38.10	0.40	0.16	1.945	-4.77

3. 富邦新興投等債上櫃未滿 1 年，因此其年平均報酬率為近 6 個月報酬率，且從 2019 年 11 月開始配息
資料來源：櫃買中心、各投信公司基金月報、MoneyDJ、XQ全球贏家

就匯率風險而言,台灣所發行的公司債 ETF,投資的標的多為美元計價的海外債券,然而,由於台灣目前所發行的債券型 ETF 皆為新台幣計價,因此無論選擇哪 1 檔公司債 ETF,都無法規避匯率風險,因此投資人無須糾結於此。

至於信用風險,就主權債 ETF 和公司債 ETF 而言,由於主權債 ETF 的發行機構為各國政府或國營企業,在國家的擔保下,出現違約或倒閉的情況較少,因此,一般來說,主權債 ETF 的信用風險會低於公司債 ETF。另外,因為主權債 ETF 的投資風險較小,所以其殖利率(又稱收益率)普遍會低於公司債 ETF(詳見圖 1)。

債券的信用評等愈低,違約率就愈高

就公司債 ETF 而言,無論是投資等級債 ETF、高收債 ETF 或新興市場公司債 ETF,其信用風險都與其債券違約率息息相關,而這可以從其所持有債券的信用評等來觀察。

根據 2019 年標準普爾的統計數據,全球企業年度違約率:AAA 級為 0%、AA 級為 0%、A 級為 0%、BBB 級為 0.11%、BB 級為 0%、B 級為 1.49%、CCC ～ C 級為 30.05%,顯見債券的信用評等愈低,其違約率就愈高。

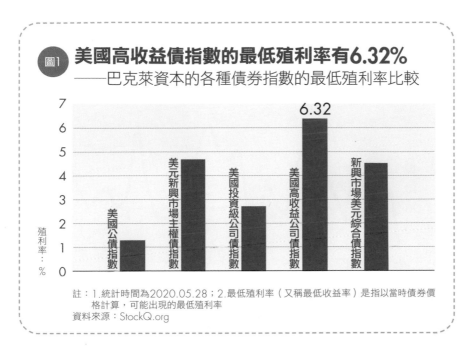

圖1 **美國高收益債指數的最低殖利率有6.32%**
——巴克萊資本的各種債券指數的最低殖利率比較

6.32

殖利率：%

美國公債指數

美元新興市場主權債指數

美國投資級公司債指數

美國高收益公司債指數

新興市場美元綜合債指數

註：1.統計時間為2020.05.28；2.最低殖利率（又稱最低收益率）是指以當時債券價
　　格計算，可能出現的最低殖利率
資料來源：StockQ.org

　　就統計數據來看，結果亦是如此。從標準普爾 1981 年～ 2019
年的統計資料中發現，投資等級債（BBB-（含）以上的債券）的違
約率大多在 1% 以下，僅 2002 年和 2008 年的違約率稍高一點，
分別為 1.02% 和 1.26%；反之，高收債（BB+（含）以下的債券）
的違約率則居高不下，除了 1981 年的 2.33% 之外，其餘年份都
在 10% 以上，最高更來到 61.22%（2009 年，詳見圖 2）。

　　由此可知，投資等級債 ETF 的信用風險會低於高收債 ETF。此外，

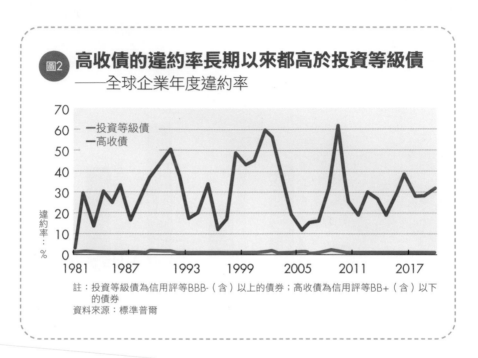

圖2　高收債的違約率長期以來都高於投資等級債
——全球企業年度違約率

— 投資等級債
— 高收債

違約率：%

1981　1987　1993　1999　2005　2011　2017

註：投資等級債為信用評等BBB-（含）以上的債券；高收債為信用評等BB+（含）以下
　　的債券
資料來源：標準普爾

就投資等級債 ETF 和新興市場公司債 ETF 而言，雖然兩者所持有的都是投資等級債，但是，因為投資等級債 ETF 所持有的多為歐美地區的債券，其信用風險會較新興國家來得低，所以得知，投資等級債 ETF 的信用風險亦會低於新興市場公司債 ETF。

至於高收債 ETF 和新興市場公司債 ETF，就目前（2020 年 5 月）有在櫃買中心掛牌的 ETF 來看，5 檔新興市場公司債 ETF 中，所有的投資標的皆為投資等級債，且富邦中國投等債（00784B）所持

新興市場公司債ETF的投資標的主要為投等債
——債券殖利率與風險

ETF 種類	ETF 名稱	持債信評分布（%）			
		A- ／ A3（含）以上	BBB+ ～ BBB- ／ Baa1 ～ Baa3	BB+ ／ Ba1（含）以下	其他資產
新興市場公司債ETF	富邦中國投等債（00784B）	82.85	12.32	2.10	2.73
	國泰中企 A 級債 7+（00798B）	71.77	0.00	0.00	28.23
	FH 新興企業債（00760B）	33.11	65.18	0.00	1.71
	富邦新興投等債（00845B）	18.66	78.24	0.00	3.10
	凱基新興債 1-5（00873B）	98.81		0.00	1.19
高收債ETF	富邦全球高收債（00741B）	0.00	8.40	89.23	2.37
	國泰 1-5Y 高收債（00727B）	0.00	12.92	84.00	3.08

註：1. 統計時間為 2020.04.30；2. 凱基新興債 1-5 的基金月報無進一步細分債券信用等級
資料來源：各大投信基金月報

有的債券，信用評等在 A- ／ A3 級以上的占比有 82.85%、國泰
中企 A 級債 7+（00798B）的占比有 71.77%、富邦新興投等債
（00845B）的占比有 18.66%、FH 新興企業債（00760B）的占
比有 33.11%。

而 2 檔高收債 ETF 中，雖然都持有部分投資等級債，但是比率並不高，都在 10% 以下，而且投資的都是 BBB 等級債券。此外，這 2 檔 ETF 都持有信用評等較低的 CCC 等級債券，其中富邦全球高收債（00741B）的占比有 2.45%，國泰 1-5Y 高收債（00727B）的占比有 6.51%（詳見表 4）。

由於新興市場公司債 ETF 所持有的債券，其信用評等普遍都高於高收債 ETF，因此可知新興市場公司債 ETF 的信用風險會低於高收債 ETF。然而，新興市場公司債 ETF 有可能會受到系統性風險（例如：新興國家出現政治鬥爭、戰亂等）的影響，因此在投資時，也需要評估該檔 ETF 的國家配置（查詢方式詳見 4-1 圖解教學❷）。

挑選公司債ETF，優選信評高與經濟穩定的國家

綜觀所述，就信用風險而言，投資等級債 ETF 的信用風險最低，高收債 ETF 的信用風險最高，新興市場公司債 ETF 介於兩者之間（詳見表 5）。

至於要如何挑選公司債 ETF 呢？基本上與挑選公債 ETF 的方式雷同，可以從 ETF 的上櫃時間、持債信評分布（查詢方式詳見圖解教學❶）、規模、成交量、管理費、保管費、收益分配等各方面做比較。

表5 高風險的新興市場公司債ETF，配息也較高
——公司債ETF風險比較

公司債 ETF 種類	利率風險	信用風險	匯率風險	配息
投資等級債 ETF	中	低	低	較低
新興市場公司債ETF（美元計價）	中	中	低	較高
高收債 ETF	低	高	低	較高

資料來源：元大投信

　　此外，從前述可知，高收債 ETF 和新興市場公司債 ETF 的信用風險比投資等級債 ETF 還要高，因此，這兩種類型的 ETF 都需要拿出更高的利益才能吸引投資人，其殖利率大多會高於投資等級債 ETF。

　　假設投資人為了追求較高的殖利率，願意忍受高收債 ETF 和新興市場債 ETF 所帶來的風險，在挑選時，除了關注上述條件之外，還須特別注意該檔 ETF 的持債信評分布和國家配置，盡量挑選信用評等高和經濟狀況較穩定的國家與公司。

圖解教學　查詢公司債ETF的信用評等與國家配置

 STEP 1

進入復華投信網站首頁（www.fhtrust.com.tw），依序點選❶「基金產品」→❷「復華ETF」→❸「產品資訊」。

STEP 2

進入下一個頁面後，會出現復華投信所有ETF的產品資訊，接著，點選想要查詢的ETF，此處以❶「00760B_復華新興市場企業債券ETF基金」為例，系統就會顯示其資料，最後再點選❷「基金月報」。

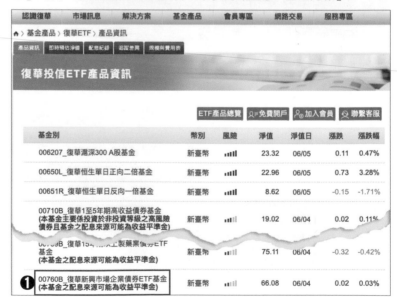

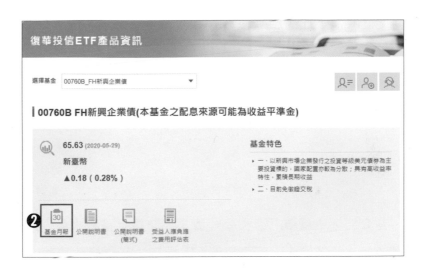

STEP 3 點開基金月報後將頁面下拉，即可看到其所持有債券的❶「國家配置」與❷「信用評等」。從圖中可知，FH新興企業債所持有的債券，其信用評等占比為A級33.11%、BBB級65.18%，國家配置則以巴西、墨西哥、印尼為前三大。

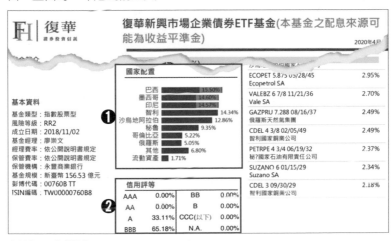

資料來源：復華投信

產業債ETF》共分5大類
看對趨勢可放大報酬

4-3

在介紹完主權債 ETF 和公司債 ETF 之後，接著來看產業債 ETF。基本上，產業債 ETF 和公司債 ETF 類似，其所持有的海外債券，其發行機構皆為一般企業。然而，兩者最大的不同在於，公司債 ETF 所持有的債券，涵蓋金融、科技、醫療保健等各個產業，而產業債 ETF 所持有的債券，大多集中在某一特定產業。就目前（2020 年 5 月）在證券櫃檯買賣中心（簡稱櫃買中心）掛牌的 30 檔產業債 ETF 來看，大致可分為 5 類，分別說明如下（詳見表 1）：

種類1》金融相關的產業債ETF

金融相關的產業債 ETF 共有 13 檔，可以再細分為金融債 ETF（8 檔）、銀行債 ETF（3 檔）和保險債 ETF（2 檔）。其中金融債 ETF 和銀行債 ETF 只是在名稱上略有差別，實際上都是指「由儲蓄銀行、專業銀行或商業銀行所發行之債券」，通常為無擔保債券（指無特

產業債ETF中以金融相關的產業債ETF為大宗
——在台掛牌的產業債ETF

種類	檔數（檔）	舉例
金融相關的產業債 ETF	13	群益 10 年 IG 金融債（00724B）、中信優先金融債（00773B）、國泰 A 級金融債（00780B）等
電信／電能相關的產業債 ETF	6	群益 15 年 IG 電信債（00722B）、群益 15 年 IG 公用債（00755B）、中信全球電信債（00863B）、國泰 A 級公用債（00782B）等
醫療保健相關的產業債 ETF	5	凱基醫療保健債（00839B）、國泰 A 級醫療債（00799B）、元大 10 年 IG 醫療債（00787B）、FH 製藥債（00759B）等
科技相關的產業債 ETF	4	群益 15 年 IG 科技債（00723B）、國泰 A 級科技債（00781B）、凱基科技債 10+（00750B）、第一金科技債 10+（00835B）
能源相關的產業債 ETF	2	FH 能源債（00758B）、富邦全球能源債（00855B）

註：統計時間為 2020.05.29　　資料來源：櫃買中心

定的資產作為擔保品，單靠發行公司的信用而發行的債券），而保險債 ETF 的發行機構則以金融保險公司為主（詳見表 2）。

此外，ETF 所持有的金融債又能依受償順序不同而分為「優先順位金融債（又稱主順位金融債）」和「次順位金融債」。一般來說，

表2 **金融相關的產業債ETF，主要布局地區為美國**
——在台掛牌金融相關的產業債ETF

種類	檔數（檔）	國家配置	資產配置
金融債ETF、銀行債ETF	11	美國為主（占比在 50%以上）、其次為歐洲和日本	儲蓄銀行、專業銀行或商業銀行所發行之 7 年期以上投資等級債
保險債ETF	2	美國為主（占比在 95%以上）	金融保險公司所發行之 10 年期以上投資等級債

註：統計時間為 2020.04.30　　資料來源：各大投信公司基金月報

優先順位金融債的受償順序在次順位金融債、特別股和普通股之前，也就是說，當公司不幸倒閉時，優先順位金融債的投資人可以率先得到補償。因此，對於投資人來說，選擇優先順位金融債會比較有保障（詳見圖 1）。

　　觀察目前（2020 年 5 月）市面上所掛牌的金融債 ETF 和銀行債 ETF 後可以發現，其債券國家配置以美國為主（占比在 50% 以上，查詢方式詳見 4-1 圖解教學❷），其次為歐洲和日本，而其所投資的標的，多為美國知名銀行，例如：高盛證券（Goldman Sachs Group, Inc.）、滙豐銀行（HSBC Holdings Plc）、富國銀行（Wells

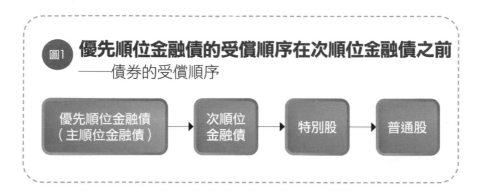

圖1 優先順位金融債的受償順序在次順位金融債之前
——債券的受償順序

優先順位金融債
（主順位金融債） → 次順位
金融債 → 特別股 → 普通股

Fargo & Company）等公司所發行的 7 年期以上投資等級債。

　而保險債 ETF 的配置則與前兩者類似，其債券國家配置同樣是以美國為主（占比在 95% 以上），且其所投資的債券皆為大型龍頭金融保險公司，例如：美國信安金融集團（Principal Financial Group）、哈特佛金融服務集團（Hartford Financial Services Group, Inc.）、聯合健康保險（UnitedHealth Group, Inc.）等公司所發行的 10 年期以上投資等級債。

　值得注意的是，由於目前（2020.04.30）2 檔保險債 ETF 的規模都很小，其中富邦全球保險債（00854B）為 6,000 萬元、永豐 15 年金融債（00837B）為 3,800 萬元（雖然此檔 ETF 名稱為金融債，但是觀察資產配置可以發現，有 82.63% 都在保險，因此歸

類為保險債 ETF）。假設過了一段時間，這 2 檔保險債 ETF 的規模仍然無法突破法規要求的 1 億元水準，恐有被清算的疑慮。

種類2》電信／電能相關的產業債ETF

電信／電能相關的產業債 ETF 共有 6 檔，可以分為電信債 ETF（3 檔）、電能債 ETF（1 檔）和公用債 ETF（2 檔）。其中電信債 ETF 所持有的債券，其國家配置都是以美國為主（占比在 67% 以上），而且其所投資的債券皆為大型龍頭電信公司，例如：威瑞森通訊公司（Verizon Communications）、美國電話電報公司（AT&T）等公司所發行的投資等級債。

而電能債 ETF 和公用債 ETF，兩者僅名稱上略有差別，其債券國家配置同樣是以美國為主（占比在 93% 以上）、資產配置為公用事業中電能相關行業（包含電力、天然氣、水力）所發行之債券，而且其所投資的債券皆為投資等級債。由於公用事業較不受景氣循環的影響，具有獲利穩健與高殖利率的特性（詳見表 3）。

種類3》醫療保健相關的產業債ETF

醫療保健相關的產業債 ETF 共有 5 檔，可以分為醫療保健債 ETF（1

電信／電能相關的產業債ETF皆持有投等債
——在台掛牌電信／電能相關的產業債ETF

種類	檔數（檔）	國家配置	資產配置
電信債 ETF	3	美國為主（占比在 67% 以上）	大型龍頭電信公司所發行之投資等級債
電能債ETF、公用債 ETF	3	美國為主（占比在 93% 以上）	公用事業中電能相關行業（包含電力、天然氣、水力）所發行之投資等級債

註：統計時間為 2020.04.30　　資料來源：各大投信公司基金月報

檔）、醫療債 ETF（3 檔）和製藥債 ETF（1 檔）。其中，醫療保健債 ETF 和醫療債 ETF 的國家配置皆以美國為主（占比在 87% 以上），資產配置的涵蓋範圍較廣，為大型醫療保健、生技公司與製藥公司所發行的 10 年期以上投資等級債。

而製藥債 ETF 的國家配置同樣是以美國為主（占比在 84% 以上），不過資產配置僅限縮於製藥公司所發行的 15 年期以上投資等級債（詳見表 4）。

整體來說，醫療保健相關的產業債 ETF 的規模小於其他種類的產

業債 ETF（能源相關的產業債 ETF 除外），至今（2020.04.30）都未有 1 檔的規模超過 50 億元。其中，製藥債 ETF 的規模稍大，FH 製藥債（00759B）的規模有 42 億 1,100 萬元；其餘 4 檔的規模多半介於 2 億元～ 13 億元之間。

種類4》科技相關的產業債ETF

科技相關的產業債 ETF 共有 4 檔，其國家配置皆以美國為主（占比在 94% 以上），其資產配置為近年來投資趨勢較看好的公司，例如：甲骨文（Oracle）、微軟（Microsoft）、蘋果（Apple）、思科（Cisco）等公司所發行的投資等級債。

種類5》能源相關的產業債ETF

能源相關的產業債 ETF 共有 2 檔，其國家配置皆以美國為主（占比在 60% 以上），其次為加拿大和荷蘭，其資產配置為「與天然氣、原油等資源有關的能源公司」，例如：康菲石油（ConocoPhillips）、荷蘭皇家殼牌集團（Royal Dutch Shell Plc）等公司所發行的投資等級債。

與其他的產業債 ETF 相比，能源相關的產業債 ETF 的規模偏小，

表4 **醫療保健相關的產業債ETF多為長天期投等債**
——在台掛牌醫療保健相關的產業債ETF

種類	檔數（檔）	國家配置	資產配置
醫療保健債 ETF、醫療債 ETF	4	美國為主（占比在 87% 以上）	大型醫療保健、生技公司與製藥公司所發行的 10 年期以上投資等級債
製藥債 ETF	1	美國為主（占比在 84% 以上）	製藥公司所發行的 15 年期以上投資等級債

註：統計時間為 2020.04.30　　資料來源：各大投信公司基金月報

其中 FH 能源債（00758B）為 11 億 7,300 萬元，富邦全球能源債（00855B）僅有 4,300 萬元（2020.04.30，詳見表 5）。

產業債ETF的配置偏重單一產業，信用風險較高

看完各類型產業債 ETF 的基本介紹後，接著可以來看它們所面臨的利率風險、信用風險和匯率風險。前面有提到，產業債 ETF 與公司債 ETF 所持有的債券，其發行機構皆為一般企業，僅持有債券的資產配置略有分別，因此，就產業債 ETF 而言，其風險與公司債 ETF 類似，同樣側重於信用風險。

表5 FH製藥債的年平均報酬率達16.9%

種類	ETF 名稱	資產配置	持債信評分布	
金融相關的產業債ETF	群益 10 年 IG 金融債（00724B）	金融 100%	AA 級 18.26%、A 級 66.57%、BBB 級 15.17%	
	中信優先金融債（00773B）	銀行 98.27%、現金 1.73%	AA 級 25.8%、A 級 68.8%、BBB 級 3.66%、現金 1.73%	
	國泰 A 級金融債（00780B）	金融 97.51%、現金 2.49%	AA 級 14.48%、A 級 83.04%、現金 2.49%	
電信／電能相關的產業債ETF	群益 15 年 IG 電信債（00722B）	電信通訊 99.97%	A 級 66.1%、BBB 級 33.87%	
	中信全球電信債（00863B）	通訊 98.11%、現金 1.89%	A 級 67.05%、BBB 級 31.06%、現金 1.89%	
	新光 A-BBB 電信債（00867B）	電信業發行之公司債	BBB-（含）以上	
醫療保健相關的產業債ETF	FH 製藥債（00759B）	製藥業公司發行之債券 97.06%、流動資產 2.94%	AAA 級 8.85%、AA 級 21.45%、A 級 61.36%、BBB 級 5.4%、流動資產 2.94%	
	凱基醫療保健債（00839B）	大型醫療保健及製藥公司所發行之債券	投資等級債 98.93%、流動資產 1.07%	
	國泰 A 級醫療債（00799B）	醫療保健 96.87%、現金 3.13%	AAA 級 11.39%、AA 級 45.39%、A 級 40.09%、現金 3.13%	

──各類在台掛牌的產業債ETF規模前2～3名

規模 （億元）	日成交量 （張）	市價 （元）	管理費 （%）	保管費 （%）	近1年收益 分配（元）	年平均報 酬率（%）
566.09	131	44.26	0.20	0.06	1.634	9.94
340.62	238	47.93	0.20	0.06	1.583	10.34
170.06	101	43.40	0.25	0.10	0.920	4.85
263.31	106	49.66	0.20	0.06	1.886	16.08
23.19	215	42.75	0.30	0.10	0.324	5.74
16.24	6	42.43	0.30	0.10	0.550	5.28
42.11	100	75.50	0.30	0.11	2.159	16.90
13.03	105	44.65	0.40	0.11	1.295	6.38
7.90	102	45.40	0.30	0.11	1.370	12.46

接續
下頁

種類	ETF 名稱	資產配置	持債信評分布	
科技相關的產業債 ETF	群益 15 年 IG 科技債（00723B）	科技 100.01%	AAA 級 23.9%、AA 級 24.81%、A 級 44.58%、BBB 級 6.72%	
	凱基科技債 10+（00750B）	國際知名科技龍頭企業所發行之債券	投資等級債 98.36%、流動資產 1.64%	
	國泰 A 級科技債（00781B）	科技 96.34%、現金 3.67%	AAA 級 25.98%、AA 級 20.04%、A 級 50.31%、現金 3.67%	
能源相關的產業債 ETF	FH 能源債（00758B）	能源業公司發行之債券 97.45%、流動資產 2.55%	AA 級 24.88%、A 級 16.25%、BBB 級 56.32%、流動資產 2.55%	
	富邦全球能源債（00855B）	能源業公司發行之債券	Aaa 級 7.13%、Aa2 級 18.56%、AA- 級 2.13%、A 級 11.24%、A- 級 26.8%、A3 級 5.33%、BBB+ 級 25.71%、其他資產 3.1%	

註：1. 規模統計時間為 2020.04.30、其餘資料統計時間為 2020.06.04；
2. 受到四捨五入影響，資產配置和持債信評分布的百分比總和會略有差異；
3. 中信優先金融債從 2020 年 3 月起，由季配改為月配、中信全球電信債從 2020 年 3 月開始配息、新光 A-BBB 電信債從 2020 年 5 月開始配息、凱基醫療保健債和國泰 A 級醫療債

先來看利率風險和匯率風險，就這兩種風險而言，產業債 ETF 和公司債 ETF 大致相同，此處不再贅述。而就信用風險而言，產業債 ETF 的國家配置多以美國為主，加上其所投資的標的皆為投資等級債，因此可以將其與投資等級公司債 ETF 一同做比較。因為投資等

規模 （億元）	日成交量 （張）	市價 （元）	管理費 （%）	保管費 （%）	近 1 年收益 分配（元）	年平均報 酬率（%）
355.35	131	46.45	0.20	0.06	1.499	15.05
87.20	101	47.60	0.20	0.10	1.676	14.43
9.21	102	47.52	0.30	0.15	1.470	14.32
11.73	112	62.00	0.40	0.11	2.938	-3.59
0.43	105	38.20	0.30	0.15	1.665	-1.46

從 2019 年 11 月開始配息、國泰 A 級科技債從 2019 年 9 月開始配息、富邦全球能源債從 2020 年 2 月開始配息；

4. 中信全球電信債、新光 A-BBB 電信債、凱基醫療保健債和富邦全球能源債發行未滿 1 年，年平均報酬率為近 6 個月報酬率

資料來源：櫃買中心、各投信公司基金月報、MoneyDJ、XQ 全球贏家

級公司債 ETF 的資產配置是遍布於各個行業，而產業債 ETF 則是專注於某一個特定行業，所以可知投資等級公司債 ETF 的信用風險會比產業債 ETF 更分散。此外，就不同類型的產業債 ETF 而言，金融相關的產業債 ETF，以及電信／電能相關的產業債 ETF，由於債券的

發行機構與產業類別相對穩健，因此其信用風險會低於另外 3 種產業債 ETF。

　　至於要如何挑選產業債 ETF 呢？投資人可以先以自己有興趣的產業為主，接著可以從該產業的 ETF 中，針對上櫃時間、持債信評分布（查詢方式詳見 4-2 圖解教學）、規模、成交量、管理費、保管費、收益分配等各方面做比較，盡量挑選上櫃時間長、持債信評高、規模大、管理費和保管費低的 ETF。

Chapter
5

債券ETF教戰

(5-1) 3原則挑對債券ETF 打造月月領息組合

台灣人一向愛存錢，但近年來深為全球低利環境所苦。2020 年以來，全球遭遇新冠肺炎疫情衝擊，更讓全球央行為了刺激經濟加大寬鬆力道，使得利率沒有最低，只有更低。

台灣央行在睽違 4 年後，於 2020 年再度降息 1 碼，利率降至 1.125%，創歷史新低，也使得國內無論是活存、定存利率都降至 1% 以下。五大銀行的 3 年期平均存款利率僅剩下 0.79%，也就是在銀行存 10 萬元，每年只能拿回 790 元，利息少得可憐！

在這個超低利率時代，存錢不如存債。與其繼續將錢放在銀行，領著微薄的利息，倒不如改存債券 ETF，幫自己打造月月領息、現金不斷流的投資組合，每年多領 4 倍利息！

只是，存債跟存錢可以相提並論嗎？精算達人、筆名怪老子的理

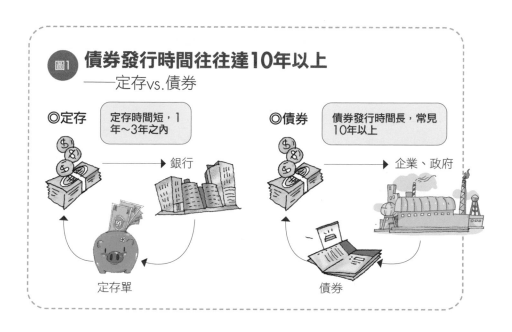

圖1 **債券發行時間往往達10年以上**
——定存vs.債券

◎定存　| 定存時間短，1
年～3年之內 |　　　　→ 銀行

定存單

◎債券　| 債券發行時間長，常見
10年以上 |　　　　→ 企業、政府

債券

財專家蕭世斌指出，其實存錢跟存債背後的道理是一致的，只要了解需求、選好標的，債券型 ETF 是作為替代定存的理想投資標的。

投資債券ETF，可降低買單一債券風險

怪老子解釋，定存就是指借錢給銀行的短期借貸，而債券就是借錢給政府或公司，兩者之間只是長短期資金的差異，多數債券的到期期間都長於存款期限，也就是說，債券其實可以視為「長天期定存」（詳見圖1）。只不過定存的債權不能轉讓，債券的債權可以

轉讓，所以才會造成債券價格波動。但只要債券不違約，投資人持有至到期日，就算過程中債券價格波動，最終還是可以領回利息及本金。

利用債券 ETF 投資更可以降低投資單一債券的風險，有以下 3 大優勢（詳見圖 2）：

1. 讓指數公司、信評公司幫你徵信

投資人自己要投資債券並非易事，除了投資門檻高之外，要深入研究一檔債券的信用風險絕非易事。到底一家公司的債券違約風險有多高，絕大多數人都沒有能力評估。

但怪老子指出，ETF 追蹤指數，而指數編撰公司具有多位專業人士，其對指數的調整就已經是在幫投資人把關，剔除不合標準的標的。且納入 ETF 的債券，皆會經過專業信評機構評等，投資人只要根據信評結果來選擇 ETF，就可以大大降低違約風險的發生。

2. 大數法則降低踩雷風險

雖說根據信評投資可以降低信用風險，不過就算信評再好，若只持有一檔債券，一旦違約發生，對投資人來說就是百分之百的虧損。而一般投資人資金有限，根本不可能靠著自己分散標的來降低風險，

圖2 **債券ETF會自動轉換標的，適合長期持有**
——債券ETF投資3大優勢

債券ETF投資優勢

| 由指數公司、信評公司負責徵信，等於是幫投資人把關，剔除不合標準的標的 | 發揮大數法則，分散倒閉風險 | 定期轉換持債內容，可長久持有。免去債券到期自行轉換投資標的 |

但債券 ETF 集合大量資金，分散買進數十檔甚至數百檔債券，此時就算真有債券違約，對整體資產的影響也很有限。

3. 自動轉換標的

若是自己投資債券，一旦債券到期之後，就要再另外尋找標的。但是債券 ETF 卻看似永遠都沒有到期日，可以持續持有，這是因為債券 ETF 持有多檔債券，每檔債券一旦到期之後，債券 ETF 就會再另外購入新債券。所以，其實債券 ETF 持有的債券還是會陸續到期，只是不需要投資人自己買進新債。

又或者，有些債券 ETF 設定的條件是持有的債券年數會在一定範

圍之內，也是會持續轉換標的。例如富邦美債 7-10（00695B）持有的債券到期日是在 7 年～ 10 年之間，一旦到期日低於 7 年，就會再轉換成距離到期日 7 年～ 10 年期間的債券。

若想要利用債券 ETF 打造月月領息的組合，進場前到底該做好什麼準備？債券 ETF 這麼多檔又要怎麼挑呢？

原則1》在風險與收益之間取得平衡

想投資債券收息，當然很多人第一個想到，或者說最在乎的選債條件會是「配息率」。畢竟配息率愈高，可領的配息就愈多，因此債券 ETF 配息率愈高往往愈吸引投資人。

但是千萬不要忘記「高報酬高風險」這句話，高配息率背後往往代表的是高波動風險和高違約風險。當債券 ETF 的整體平均信評愈低時，配息率就愈高，畢竟這代表其持有的債券違約可能性愈高，所以必須要給出更多的利息來吸引投資人（詳見圖 3）。

例如高收益債 ETF，其配息率比所有其他債券 ETF 都要高，這就是因其違約的可能性最高，而且在市場風險來臨時，會首先遭到市場賣出，因此價格下跌幅度也會很劇烈。相對之下，美國公債 ETF

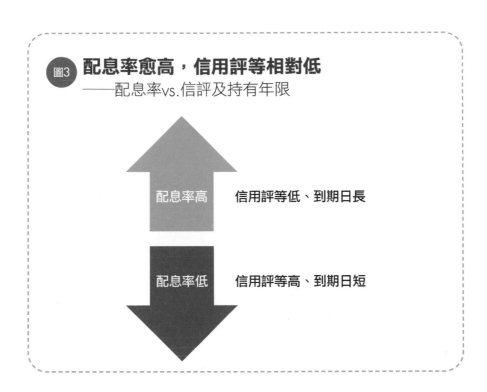

圖3 **配息率愈高，信用評等相對低**
——配息率vs.信評及持有年限

配息率高　　**信用評等低、到期日長**

配息率低　　**信用評等高、到期日短**

則因安全性最佳、違約可能性極低，雖是配息率最低的，但是其價格在空頭市場時，往往因投資人的安全需求不跌反漲（詳見表１）。

除此之外，債券 ETF 平均到期日的長短也牽動著配息率的高低。當債券 ETF 平均到期日愈短，代表其所持有的債券都即將到期，違約可能性降低，因此平均配息率自然也會比較低。而若是債券 ETF 持有的都是 20 年後才會到期的債券，為了抵禦持有期間可能會遭

表1 公債配息率雖較低，但違約可能性極低
—— 各類型債券比較

項目	公債	投資等級債	新興市場債	高收益債
配息率	低	中	中	高
違約可能性	極低	低	稍高	高
空頭市場抗跌能力	最高	高	偏低	低

遇的風險，則配息率自然會較高。

　　想要持有債券長期領息，一定要考慮違約可能性，以及投資人自己對於價格波動風險的承受度。若是整體資產波動太過劇烈的話，將相當挑戰投資人持有的信心，也不適合本來穩穩領息的投資目的。因此組合債券 ETF 時最好是在風險與收益之間平衡，勿一味追求高配息率。

原則2》規模200億元以上，持有成本較低

　　為吸引投資人，國內發行的債券 ETF，管理費率和保管費率設有多個級距，而多數債券 ETF 規模只要在 200 億元以上，其管理費和

| 表2 | **債券ETF規模愈大，內扣費用愈低** | |
| | ──以國泰A級公司債（00761B）為例 | |

債券 ETF 規模（元）	管理費（%）	保管費（%）
30 億以下	0.40	0.16
30 億～ 100 億	0.30	0.10
100 億～ 200 億	0.28	
200 億～ 900 億	0.20	0.06
900 億以上	0.18	

資料來源：櫃買中心、國泰投信

保管費就進入最低級距，或是次低級距。因此當債券 ETF 規模愈大時，投資人在成本上將更占優勢。

　　舉例來說，國泰 A 級公司債（00761B）設定的第 1 個級距是30 億元以下，管理費為 0.4%、保管費為 0.16%；其次則是規模30 億元到 100 億元，管理費降至 0.3%、保管費也降至 0.1%；等到規模到了 200 億元至 900 億元之間，管理費就會降至 0.2%、保管費也會降至 0.06%；甚至若是規模擴張到 900 億元之上，管理費就只剩下 0.18%（詳見表 2）。不過，台灣目前尚未出現規模突破 800 億元的債券 ETF（截至 2020 年 4 月底）。

當國泰 A 級公司債規模在 30 億元以下時，則管理費和保管費相加成本為 0.56%，但若是規模到 200 億元之上，則管理費加保管費則只要 0.26%。

若以投資 300 萬元來看，每年內扣費用就相差 9,000 元，10 年就差了 9 萬元。因此在同類型債券 ETF 之中，最好以規模愈大的愈理想。

再者，基金規模大的好處，也可以避免清算的風險。想投資債券 ETF 領息，自然是想要長期持有，但如果債券規模太小，萬一碰上有壽險法人大筆贖回，很有可能就遭清算。一旦債券 ETF 遭清算，雖然還是會依照淨值退還給投資人應有的投資價值，投資不至於全數化為烏有，但是資金等於又要重新尋找投資標的，平白增添投資困擾。

原則3》從交易量、買賣價差觀察流動性

除了規模之外，在比較同類型債券 ETF 時，還可以進階比較交易量及買賣價差來觀察債券 ETF 的流動性，避免想買買不到、想賣賣不掉的情況，也可減少折溢價過大的情況。一般來說，交易量、張數愈大愈好，而買賣價差則是可以看每日交易時的最佳 5 檔價位，

表3 投資等級債ETF占整體債券ETF比重近6成
——在台掛牌各類型債券ETF占比

債券 ETF 類型	規模總額（億元）	占比（%）
投資等級債	6,210.02	58.12
高收益債	76.61	0.72
新興市場債（包含新興市場公司債）	3,152.49	29.51
美國公債	1,245.03	11.65

註：資料日期至 2020 年 4 月底　　資料來源：各投信公司月報

掛價是否連續。

　　了解投資債券 ETF 領息該有的觀念，以及如何挑選債券 ETF 後，對於投資新手來說，該如何調配各類型債券 ETF 比重，才能組成一個兼顧收益與風險的債息投資組合，可能還是會有點生疏。

參考法人配置比重投資，配息率約3.87%

　　此時，投資人不妨參考當前市場上的專家都怎麼做，也就是參考整體債券 ETF 市場的發債比重。在台灣，債券 ETF 最大宗的資金都是來自於壽險法人，而根據當前債券 ETF 各券種的發行比重，就可

多數在台掛牌的債券ETF為季配息

除息月份（月）	公債	投資等級債	
1、4、7、10	元大美債 1-3（00719B）、富邦美債 20 年（00696B）、國泰 20 年美債（00687B）	國泰 A 級公司債（00761B）、群益 10 年 IG 金融債（00724B）、富邦 A 級公司債（00746B）	
2、5、8、11	元大美債 20 年（00679B）、中信美國公債 20 年（00795B）	群益 AAA-AA 公司債（00754B）、群益 A 級公司債（00792B）、國泰 A 級金融債（00780B）	
3、6、9、12	群益 25 年美債（00764B）	元大 AAA 至 A 公司債（00751B）、永豐 10 年 A 公司債（00836B）	
半年配息	N/A	N/A	
月月配息	N/A	中信高評級公司債（00772B）、中信優先金融債（00773B）	

註：實際除息日期請依各投信公司公告為準。本表僅列入規模在 70 億元以上債券 ETF，且各債券 ETF 類型搭配不同配息頻率最多取 3 檔

以看出壽險法人最青睞的是「投資等級債」，比重將近 6 成，新興市場債近 3 成，美國公債約 11%，高收益債則僅占 0.72%（詳見表 3）。

投資人可以這個券種 ETF 占比比率作為基準，來調整自己的投資

——債券ETF除息月曆

新興市場債（包含新興市場企業債）	高收益債
國泰 5Y+ 新興債（00726B）、中信 EM 主權債 0-5（00849B）	國泰 1-5Y 高收債（00727B）
群益 15 年 EM 主權債（00756B）、FH 新興企業債（00760B）、群益 7+ 中國政金債（00794B）	N/A
N/A	N/A
國泰中國政金債 5+（00744B）、FH 中國政策債（00747B）、富邦中國政策債（00718B）	N/A
N/A	N/A

資料來源：各投信公司

比重。若願意承擔多一點風險換取配息的，可以調升高收益債比重；想要偏向保守一點的，就增加公債比重等。

以投資等級債 ETF 配息率約 3%～5% 之間，高收益債 ETF 配息率約 5%～6% 之間，公債 ETF 配息率約在 1%～2% 之間，新興

市場債則在 4% ～ 5% 之間，若搭配市場規模比重配置，則整體債券配息率約為 3.87%。

　　確認好各券種 ETF 投資比重之後，參考先前提及的選債券 ETF 方式，並參考表 4 的債券 ETF 除息月曆，就可以為自己配出一個月月領息的債券投資 ETF 組合。目前國內發行的債券 ETF 多為季配息，但也有 9 檔半年配息債券，以及 2 檔月配息的債券 ETF（詳見表 4）。詳細的配息金額、除息日期等資訊都可以至各投信官網查詢（詳見圖解教學）。

圖解教學　　查詢債券ETF配息資訊

STEP 1

要查詢各債券ETF相關配息資訊都可以利用投信公司官網，在此以查詢國泰投資級公司債（00725B）為例。首先，進入國泰投信ETF專頁（https://www.cathaysite.com.tw/funds/etf/index.aspx），點選❶「ETF產品資訊」，並在跳出頁面上選擇❷「ETF配息資訊」。

STEP 2

進入下一頁之後，可在「歷史配息紀錄」下，依據ETF類型選擇❶「固定收益ETF」，或是透過基金名稱選擇國泰投資級公司債（00725B）全名❷「國泰彭博巴克萊10年期（以上）BBB美元息收公司債券基金」，並選擇查詢期間❸「近二年」，最後按下❹「查詢」。

接著，即可在畫面下方看到❺該檔債券ETF配息相關資訊，包括配息年月、年化配息率、當期報酬率、除息交易日、配息發放日以及配息頻率等。

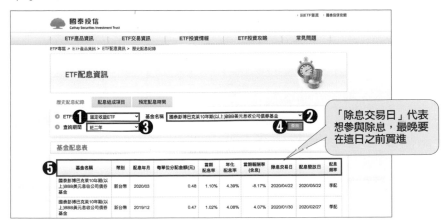

STEP 3 選擇❶「配息組成項目」分頁，則可以了解此檔債券ETF配息是否動用本金。選擇基金名稱❷「國泰彭博巴克萊10年期（以上）BBB美元息收公司債券基金」之後，按下❸「查詢」。即可看到❹「每單位分配金額（元）」以及❺本金占配息比率。

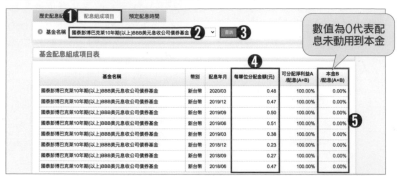

STEP 4 最後，選擇❶「預定配息時間」分頁，接著選擇基金名稱❷「國泰彭博巴克萊10年期（以上）BBB美元息收公司債券基金」，以及配息年月❸「2020/06」，就可以看到配息發放日為❹8月18日。

資料來源：國泰投信

5-2 用債券ETF做資產配置
降低投資組合波動

　　存股近年來相當受台灣投資人青睞，但 2020 年新冠肺炎疫情造成全球股市崩跌，各國股市出現動輒 30%、40% 的跌幅，台股跌幅就達到 30%。而這一波下殺，對存股族來說無疑是一場震撼教育，畢竟看著手中資產價值隨著股市下跌而大幅縮水，必定心痛不已，說不定連晚上都睡不安穩。最糟的狀況是，面對市場這麼劇烈的波動，難以忍受而在低檔認賠殺出，投資最終以失敗收場。

　　其實，只要利用債券 ETF 搭配存股部位做好資產配置，透過適度降低整體報酬率，就能換取資產較低的波動度，在風險與報酬之間取得平衡，未來就算再遇上黑天鵝來襲，股市大跌你也能無懼波動，安然度過風暴。

　　所謂資產配置，指的就是投資人按照自己的資產狀況、理財目標、風險承受度等條件，將資產依照不同比率分配在不同金融資產上，

透過規畫、分散投資，在追求報酬之餘，控制整體投資組合的風險在個人可以承受的範圍之內（詳見圖 1）。

風險指的就是資產淨值的波動。股票是高報酬資產，將所有資產都放在股票上，長期來說可以達到較高的報酬率，但同時也需要很高的風險承受度。因為股市就是一個波動極大的金融資產，可能有的年度報酬率可以上看 30%、40%，但是空頭衝擊時，有的年度就會下跌超過 20%、30%，甚至是更多。

選擇負相關金融資產，有效降低波動度

而當資產跟著股市這樣劇烈地高低起伏，相當考驗投資人的心臟。因此與其暴漲暴跌，多數人都會希望資產部位波動不要太大、穩穩向上最好。而要讓資產穩定成長，不要隨著股市劇烈波動，就需要靠著搭配其他金融資產來抵銷波動度。

至於要挑選什麼資產，才能讓波動度互相抵銷呢？精算達人怪老子指出，重點在於資產之間的相關性要愈低愈好，最為理想的狀態就是兩者之間為「負相關」，或是低相關。負相關代表的是當一個資產上漲時，另一個資產有很大的機會是下跌；反之亦然。而要知道兩種資產的相關性時，就要先理解資產之間的相關係數：當數值

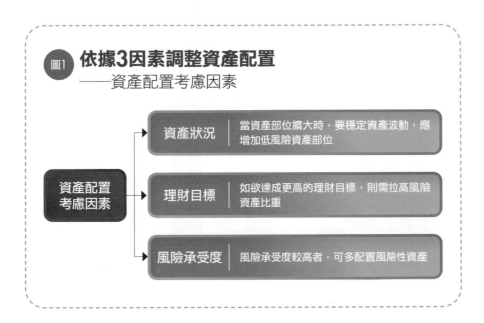

圖1 **依據3因素調整資產配置**
——資產配置考慮因素

資產配置考慮因素	資產狀況	當資產部位擴大時,要穩定資產波動,應增加低風險資產部位
	理財目標	如欲達成更高的理財目標,則需拉高風險資產比重
	風險承受度	風險承受度較高者,可多配置風險性資產

為負時,就代表兩者為負相關;數值為正時,就代表兩者正相關,
而數值愈高相關性愈高。

　　對股票來說,最簡單的搭配資產就是債券,因為股票和債券之間,
長期以來呈現低度的相關性,甚至是負相關(詳見圖2、3),因此
只要同時持有這兩類資產就能達到降低波動的效果。而在台灣,投
資人直接買進債券 ETF 是最容易以及方便配置債券部位的方式。

　　但要強調,並非所有的債券 ETF 都適合用來做資產配置的。如果

207

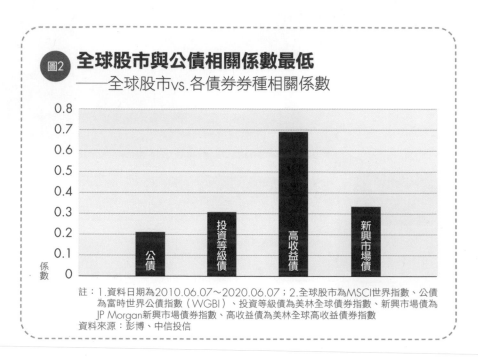

圖2 全球股市與公債相關係數最低
──全球股市vs.各債券券種相關係數

註：1.資料日期為2010.06.07～2020.06.07；2.全球股市為MSCI世界指數、公債為富時世界公債指數（WGBI）、投資等級債為美林全球債券指數、新興市場債為 JP Morgan新興市場債券指數、高收益債為美林全球高收益債券指數
資料來源：彭博、中信投信

以股票為核心資產，則新興市場債 ETF 跟高收益債 ETF 都不是理想的配置標的。因為就統計數字來看，新興市場債跟高收益債長期來說都跟股市有高度正相關，代表這兩類債券跟股市亦步亦趨，同漲也會同跌（詳見圖４），不是理想的資產配置選擇，負相關的公債以及低度相關的投資等級債才是。

　　資產配置能發揮多少降低波動效果？怪老子就以實際的數據來展現，他以追蹤美國 S&P 500 指數的 iShares 核心標普 500 指數

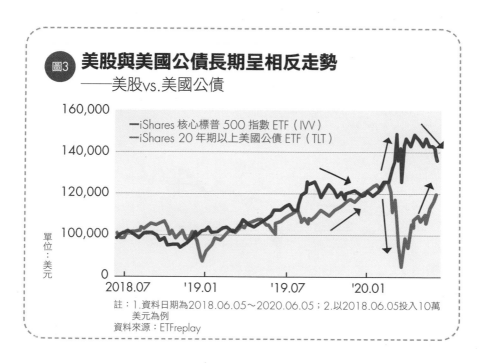

圖3 **美股與美國公債長期呈相反走勢**
──美股vs.美國公債

單位：美元

—iShares 核心標普 500 指數 ETF（IVV）
—iShares 20 年期以上美國公債 ETF（TLT）

註：1.資料日期為2018.06.05～2020.06.05；2.以2018.06.05投入10萬
美元為例
資料來源：ETFreplay

ETF（IVV）以及追蹤美國長期公債的 iShares 20 年期以上美國公債
ETF（TLT）為例，這兩者的相關係數為 -0.5% 左右。

資產相關係數愈低，組合標準差愈低

自 2002 年 8 月 1 日～ 2020 年 4 月 4 日，IVV 的年化報酬率
為 9.2%、標準差為 16%，而 TLT 的年化報酬率則為 8.4%、標準
差為 13.4%（詳見表 1），代表若是資產百分之百持有美股，雖然

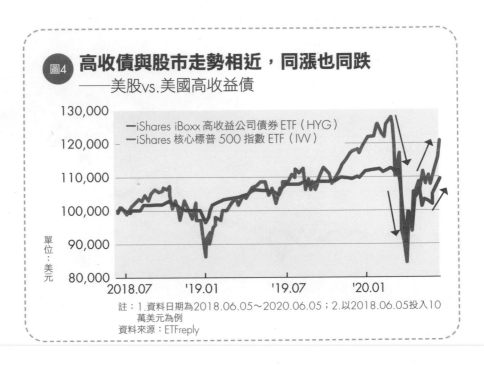

圖4 **高收債與股市走勢相近，同漲也同跌**
——美股 vs.美國高收益債

—iShares iBoxx 高收益公司債券 ETF（HYG）
—iShares 核心標普 500 指數 ETF（IVV）

單位：美元

註：1.資料日期為2018.06.05～2020.06.05；2.以2018.06.05投入10
萬美元為例
資料來源：ETFreply

長期可望獲得每年平均 9.2% 的報酬率，但是每年資產都可能要面
對平均報酬率上下 16% 的波動，因此有可能獲得 25.2% 的獲利，
也有可能面臨 6.8% 的虧損。若是改為全部資產都持有美國公債，
則長期來說平均每年可望獲得 8.4% 報酬率。然而，同樣要面臨平
均報酬率上下 13.4% 的波動，也就是資產的報酬率可能在 21.8%
至 -5% 之間。

但若股票和債券各持有一半，則報酬率跟波動度表現又會如何

表1　股債各半，波動度將明顯低於全持股或全持債
——資產配置之報酬率、標準差比較

	100% 持有股票	100% 持有債券	股債各持有 50%
平均年化報酬率（%）	9.2	8.4	8.8
年化標準差（%）	16.0	13.4	8.3

註：資料日期為 2002.08.01 ～ 2020.04.04
資料來源：怪老子

呢？經過組合後，整體資產的平均報酬率是個別資產平均報酬率的加權平均，也就是股債各半的平均報酬率 8.8%（＝9.2%×1/2 ＋ 8.4%×1/2）。

　　但是，組合後的標準差並非是個別標準差的加權平均，而是幾何平均搭配上相關係數後的結果，結論就是一定會比加權平均要低。而且，當兩類資產相關係數愈低，組合標準差就會愈低。以股債各半組合來說，組合標準差將降至 8.3%，比單獨持有股或是債的波動度都要低得多。

　　接下來，我們以實際狀況來比較 3 種資產配置的資產成長以及波動度狀況：1.100% 持有股票；2.100% 持有債券；3. 股票、債券

各持有 50%。

從圖 5 中可以看出，若同樣都於 2002 年底時投入 1 萬美元，則到了 2020 年 5 月底，100% 持有股票資產可以累積至 4 萬 8,931 美元，年化報酬率達 9.55%，是 3 種組合中最高的。但是其波動度也是最大的，單一年度最多可以上漲 32%，但最差也可以下跌 37%，甚至波段跌幅最深超過 50%，例如金融海嘯期間。若是 100% 持有股票，則不僅將前幾年累積的報酬全跌光，資產更是縮水，降至 3 種資產配置中最少。

相較之下，若是股債各半的配置，則年化報酬率仍有 9.4%，僅些微落後全股票配置，1 年最高漲幅也可達到 22.7%，而最差年度僅會下跌 3%，甚至最大跌幅還不到 20%。在持有資產的過程中，波動要小得多，但整體報酬卻沒有落後太多，顯見在股票資產中納入債券資產平衡風險的效果。

每半年～1年對資產配置進行再平衡

至於股債之間該怎麼配置？比率各該多少？這點其實沒有標準答案，因為每個人的風險承受度、資產規模、年齡都不同，所以實際上應該要依照自己的狀況進行調整。

圖5 股債各半的資產配置,空頭時下跌幅度較小

◎各資產配置長期走勢

長期投資,股債各半配置報酬率亦不會落後全股票配置太多

—股債各半配置
—100% 債券配置
—100% 股票配置

空頭市場來臨時,全股票配置資產將大幅縮水

單位:美元

◎各資產配置報酬比較

—股債各半配置
—100% 債券配置
—100% 股票配置

2003年以來,股債各半配置僅有2個年度出現負報酬,且最深跌幅都不會超過5%

單位:%

註:1.資料日期為2002.12.31～2020.05.31;2.以2002年底投入1萬美元為例
資料來源:Portfolio Visualizer

213

　　不過，一般來說，因為預期年紀較輕，可以承受的風險與波動度愈高，建議股票的配置比率不要太低，才能讓資產更快成長。而隨著年紀增長、風險承受度降低，則建議操作可以更加穩健一點，因此可以提高債券部位的比重。

　　投資人可以利用一條簡單的公式：「股票資產部位占比＝（90 － 年齡）×100%」來作為基準調整自己適合的配置比重（詳見圖6）。

　　假設你現在 25 歲，就可以投入 65%（（90 － 25）×100%）的部位在股票資產，35% 的部位放在債券資產。若願意再承受高一點波動風險，則可調高股票部位比重；若為偏向保守的投資性格，則可增加債券部位。

　　而資產配置一旦決定之後並非永恆不變，除了自己的風險承受度會改變之外，市場也隨時在變。因此，每半年至 1 年應該要檢視資產的投資狀況，對資產配置進行再平衡。

　　假設股票部分漲多，就可以賣出部分部位，轉投入債券；反之，債券部位若是漲多，則應調節部位，加重股票部位投資。這樣持續平衡資產配置，才能讓資產維持在理想的配置比重，控制資產的波動程度。

圖6 **依照年齡調整股票資產比重**
——資產配置占比公式

股票資產占比 ＝ （ 90 － 年齡 ） × 100%

當殖利率出現倒掛，可賣股買債

　　除了要依據自己的風險承受度、投資需求以及資產變動來調整不同的股債配置比重，遇上景氣循環反轉或是波動的訊號時，也是伺機調整股債部位的好時機。執行得宜，不僅能夠幫助投資人避開可能即將到來的風暴，更能大幅改善投資績效。

　　究竟什麼時間點才是調整股債比重的機會呢？怪老子就建議，當出現「殖利率倒掛」時，就是賣股轉債的好時機。什麼是殖利率倒掛？又為什麼這是調整股債布局的時點呢？這裡的殖利率指的是「美國公債的持有到期投資報酬率」，而不同期限的美國公債會對應不同的殖利率。

　　一般來說，當公債期間愈長，離到期日愈遠，因持有期間的流動

性風險、價格波動風險都會增加，投資人資金卡住的時間也較久，因此要給予較高的風險溢酬，對投資人才有吸引力，也就是說，殖利率會比較高。相對來說，短天期公債因為接近到期日，持有期間短，流動性大、投資人所遭遇的風險低，甚至3個月期美國國庫券會被視為無風險，因此所給予的風險溢酬也就比較低，也就是殖利率低。

而將同一日內的不同到期期間公債殖利率連線，所畫出來的就是「殖利率曲線」。由於多數的狀況之下，長天期的公債殖利率都要高於短天期公債殖利率，因此殖利率曲線將是一條左下右上的上揚曲線。

當短天期美國公債殖利率高於長天期公債殖利率時，殖利率曲線轉為左上右下，也就是出現所謂「殖利率倒掛」的現象。怪老子解讀，這代表當前的投資者已經瘋狂，錢很可能都湧進股市，而不願意持有短天期債券，造成短天期債券價格下跌，使得殖利率上揚。而這樣股票炒短線過熱的跡象，之後股市崩盤的機率往往大增。且聯準會、經濟學家也都曾指出，殖利率倒掛後的12個月，經濟可能就會陷入衰退。

就過去紀錄觀察，金融海嘯、科技泡沫之前，甚至是在2019年

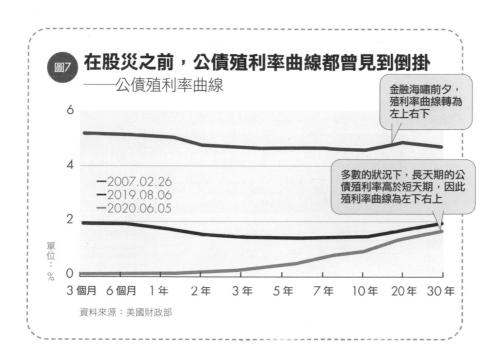

圖7 **在股災之前，公債殖利率曲線都曾見到倒掛**
——公債殖利率曲線

金融海嘯前夕，
殖利率曲線轉為
左上右下

多數的狀況下，長天期的公
債殖利率高於短天期，因此
殖利率曲線為左下右上

—2007.02.26
—2019.08.06
—2020.06.05

單位：%

3 個月　6 個月　1 年　　2 年　　3 年　　5 年　　7 年　　10 年　20 年　30 年

資料來源：美國財政部

時，也就是 2020 年股災之前，都發生過殖利率倒掛的狀況（詳見
圖 7）。

　　因此怪老子建議，當長短天期利差縮小，甚至是出現長天期殖利
率低、短天期殖利率高的倒掛現象時，他認為此時股票有很大的機
會已經處於高檔，此時就是買進債券 ETF、拉高債券部位的好時機，
而等到股市大幅修正時，就又是賣掉波動較小的債券 ETF，利用股
票 ETF 布局跌深股市的機會了。

圖解教學　查詢美國公債殖利率曲線

STEP 1　進入美國財政部網站（https://home.treasury.gov），先點選❶「Data」（數據），接著選擇❷「Daily Treasury Yield Curve」（每日殖利率曲線）。

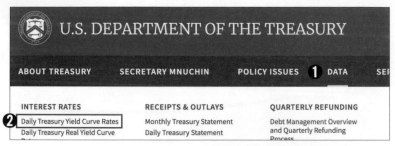

STEP 2　在畫面下方就可以看到❶對應不同天期的各日美國國債殖利率數據，當短天期的美國國債殖利率高於長天期時，就代表出現殖利率曲線倒掛的現象。亦可在❷「Select Time Period」選擇時間區間，就可以看到歷史殖利率曲線。

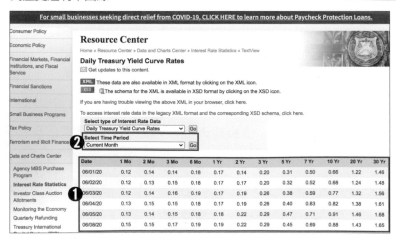

資料來源：美國財政部網站

國家圖書館出版品預行編目資料

人人都能學會靠ETF領雙薪全圖解 /《Smart智富》真・投資研究室著. -- 一版. -- 臺北市：Smart智富文化, 城邦文化, 2020.06
　面；　公分
ISBN 978-986-98797-4-3(平裝)

1.基金 2.投資

563.5　　　　　　　　　　　　　　　　109007699

Smart 智富
人人都能學會靠ETF領雙薪全圖解

作者	《Smart 智富》真・投資研究室
企畫	林帝佑、周明欣、鄭　杰、蔡名傑
商周集團	
執行長	郭奕伶
總經理	朱紀中
Smart 智富	
社長	林正峰
總編輯	劉萍
總監	楊巧鈴
編輯	邱慧真、施茵曼、王容瑄、張乃偵、陳婕妤、陳婉庭、蔣明倫、劉鈺雯
資深主任設計	張麗珍
版面構成	林美玲、廖洲文、廖彥嘉
出版	Smart 智富
地址	104 台北市中山區民生東路二段 141 號 4 樓
網站	smart.businessweekly.com.tw
客戶服務專線	（02）2510-8888
客戶服務傳真	（02）2503-5868
發行	英屬蓋曼群島商家庭傳媒股份有限公司城邦分公司
製版印刷	科樂印刷事業股份有限公司
初版一刷	2020 年 06 月
初版五刷	2023 年 08 月
ISBN	978-986-98797-4-3

定價 249 元

為了提供您更優質的服務，《Smart 智富》會不定期提供您最新的出版訊息、優惠通知及活動消息。請您提起筆來，馬上填寫本回函！填寫完畢後，免貼郵票，請直接寄回本公司或傳真回覆。Smart 傳真專線：（02）2500-1956

1. 您若同意 Smart 智富透過電子郵件，提供最新的活動訊息與出版品介紹，請留下電子郵件信箱：_____

2. 您購買本書的地點為：☐ 超商，例：7-11、全家
   ☐ 連鎖書店，例：金石堂、誠品
   ☐ 網路書店，例：博客來、金石堂網路書店
   ☐ 量販店，例：家樂福、大潤發、愛買
   ☐ 一般書店

3. 您最常閱讀 Smart 智富哪一種出版品？
   ☐ Smart 智富月刊（每月 1 日出刊）　☐ Smart 叢書　☐ Smart DVD

4. 您有參加過 Smart 智富的實體活動課程嗎？　☐ 有參加　　☐ 沒興趣　　☐ 考慮中
   或對課程活動有任何建議或需要改進事宜：
   _____

5. 您希望加強對何種投資理財工具做更深入的了解？
   ☐ 現股交易　☐ 當沖　☐ 期貨　☐ 權證　☐ 選擇權　☐ 房地產
   ☐ 海外基金　☐ 國內基金　☐ 其他：_____

6. 對本書內容、編排或其他產品、活動，有需要改善的事項，歡迎告訴我們，如希望 Smart
   提供其他新的服務，也請讓我們知道：
   _____
   _____

您的基本資料：（請詳細填寫下列基本資料，本刊對個人資料均予保密，謝謝）

姓名：_____　　性別：☐男　☐女

出生年份：_____　　聯絡電話：_____

通訊地址：_____

從事產業：☐軍人　☐公教　☐農業　☐傳產業　☐科技業　☐服務業　☐自營商　☐家管

您也可以掃描右方 QR Code、回傳電子表單，提供您寶貴的意見。

想知道 Smart 智富各項課程最新消息，快加入 Smart 課程好學 Line@。

LINE@

● 填寫完畢後請沿著右側的虛線撕下。